建设行业信息化标准的发展对策与应用

《建设行业信息化标准的发展对策与应用》编委会

中国建筑工业出版社

图书在版编目(CIP)数据

建设行业信息化标准的发展对策与应用/《建设行业信息化标准的发展对策与应用》编委会.—北京:中国建筑工业出版社,2002
 ISBN 7-112-05182-7

Ⅰ.建… Ⅱ.建… Ⅲ.建筑业—信息系统—标准—研究—中国 Ⅳ.F426.9

中国版本图书馆 CIP 数据核字(2002)第 043900 号

本书汇集建设行业信息系统相关软件通用标准技术的研究与应用成果。全书共四篇:体系研究、企业信息化、地理信息系统和数据分析编码。本书可供建设行业及相关领域的管理者、科技工作者和大专院校师生参考。

* * *

责任编辑 蒋协炳

建设行业信息化标准的发展对策与应用
《建设行业信息化标准的发展对策与应用》编委会

*

中国建筑工业出版社出版、发行(北京西郊百万庄)
新 华 书 店 经 销
北京市彩桥印刷厂印刷

*

开本:787×1092 毫米 1/16 印张:12 字数:290 千字
2002 年 8 月第一版 2002 年 8 月第一次印刷
印数:1—4,000 册 定价:25.00 元
ISBN 7-112-05182-7
F·388(10796)

版权所有 翻印必究
如有印装质量问题,可寄本社退换
(邮政编码 100037)

本社网址:http://www.china-abp.com.cn
网上书店:http:// www.china-building.com.cn

序　言

伴随经济全球化和世界竞争的不断加剧,各国都将发展信息等高新技术产业作为本国21世纪发展的战略选择。我国也十分重视信息产业的发展。党的十五届五中全会提出:"大力推进国民经济和社会信息化,是覆盖现代化建设全局的战略举措。以信息化带动工业化,发挥后发优势,实现社会生产力的跨越发展。"根据中央的要求,建设部对建设信息化"十五"期间的工作做了全面部署,确立了重点工作任务和目标,各项工作也相继开展。应该看到建设领域信息化工作还处于起步阶段,很多工作亟待开展。但当前最急迫的工作,当属信息标准化问题。由于缺乏统一标准,数据格式各异,给社会化的数据共享、交换带来极大不便。同时由于缺少统一规划,国内相关软件存在低水平重复开发,总体效率低下;各部门为建立信息系统引进的各业务子系统之间缺少联系,不能集成,大量数据需重复录入。因此,尽快建立科学、合理的数据处理和信息管理的技术标准体系,已是当务之急。

在这样的背景下,建设部于2001年下达了制定《工程建设地理信息系统软件通用标准》、《建设企业管理信息系统软件通用标准》和《建设信息平台数据通用标准》的任务。这三本通用标准是建设信息标准化体系中技术性的基础标准,内容涉及信息技术的各个环节,是目前在编标准中涉及面较大、内容较丰富、难度较大的标准。为了集思广益,使这三本标准的制定更具科学性、适用性、可操作性,同时交流国内外信息技术与标准的最新成果,2001年12月21～22日在北京召开了"建设行业信息系统相关软件通用标准技术研讨会"。会议由建设部信息化工作领导小组办公室、建设部标准定额司、建设部科学技术司主办,建设部建筑制品与构配件产品标准化委员会、北京理正软件设计研究院、中国建筑标准化技术研究所承办。来自全国各地的300余位代表参加会议,会议论文质量高,交流热烈。会议取得圆满成功。

应与会代表和有关方面的要求,我们将这次研讨会上的专家论文及企业代表发言认真整理并汇编成册,由中国建筑工业出版社出版,以使更多读者有机会了解和共享这个领域最新研究与应用成果。

《建设行业信息化标准的发展对策与应用》编委会
2002年4月1日

《建设行业信息化标准的发展对策与应用》编委会名单

主　编：赖　明　杨鲁豫

副主编：尚春明　杨瑾峰　梁向春　王　超

编　委：陈　卫　仝贵婵　黄　琨　董　青　寇有观　郝　力

　　　　王　丹　王要武　刘洪玉　陈燕申　王　静　王　毅

　　　　赵　昕　王　丹(女)　　　刘　艳　姚凤英　张金明

目　　录

第一篇　体系研究

三个标准的编制思路的大纲
　　北京理正软件设计研究院　**梁向春** ································· 3
建设领域信息化标准体系的研究
　　哈尔滨工业大学管理学院　**王要武** ································· 8
住宅与房地产业信息化标准体系的研究
　　清华大学土木水利学院　**尚春明　杨洪涛　刘洪玉** ··················· 14
建设领域信息化标准的目的、分类以及制定方法浅析
　　清华大学土木工程系　**马智亮** ····································· 18
地理信息标准化是实现信息共享的重要基础
　　国家基础地理信息中心　**蒋景瞳** ··································· 23
基于空间信息的城市规划建设信息标准化体系建设
　　中国城市规划设计研究院　**陈燕申　李克鲁** ························· 29
关于建设行业应用软件通用标准的研究与探讨
　　中硕资讯开发有限公司　**钟炯　李强**　深圳市职业技术学校　**龚小兰** ········ 36

第二篇　企业信息化

引领设计单位信息化管理——设计院工程设计管理信息系统
　　北京理正软件设计研究院　**梁向春　郝　锋　富凤丽　雷婷蓉** ········· 41
建筑设计企业信息化解决方案
　　中国建筑科学研究院计算中心　**王　静** ····························· 45
过程管理与项目管理技术的实际应用
　　CA(中国)有限公司　**王家欣** ······································· 50
建设企业管理信息化的应用
　　豪力海文科技发展有限公司　**任允茂** ······························· 56
工程行业设计院 PDM 系统的实施——集成项目管理技术和工作流程技术来实现并行工程
　　乐华建网络技术(北京)有限公司　**文　坊** ··························· 62
运用工程项目管理实践经验
　　Project AI MS Limited　**黄得承** ·································· 67

热力企业信息化中的标准化
　　北京硕人科技有限公司　孟富春……………………………………………72
建设工程质量检测系统相关问题的探讨
　　宜昌汇友电子科技有限公司　田正海…………………………………………75
建设工程质量检测管理信息系统的理论及其实现
　　广州粤建三和软件有限公司　黄　俭…………………………………………79
公路交通行业信息化与标准探讨
　　珠海同望创新科技有限公司　谢少华…………………………………………83
南非桥梁管理信息系统（SABMS）和国际化应用
　　南非工业科学院　王于晨……………………………………………………89

第三篇　地理信息系统

设计一体化应用GIS和设计单位管理信息系统建设相关问题的探讨
　　北京理正软件设计研究院　黄　琨……………………………………………97
城市地理信息系统建设的技术方案探讨
　　北京市勘察设计研究院　陈　雷……………………………………………102
工程建设地理信息系统标准化的初步研究
　　北京理正软件设计研究院　梁向春　萧鈇　罗志强　卢华……………107
我国地理信息共享标准与环境的研究进展
　　中国科学院地理科学与资源研究所　刘纪远………………………………112
GIS技术在市区级环境事故应急处置系统中的应用
　　张家口市环境信息中心　赵　强　唐　渝
　　中科院地理科学与资源研究所　刘高焕
　　北京宇图天下科技有限公司　姚　新…………………………………………120
地质矿产信息标准化问题探讨
　　国土资源部信息中心　赵精满……………………………………………123
城市基础地理信息系统建设若干关键问题的探讨
　　适普软件有限公司　张生德………………………………………………127
Go2maP的WebGIS中间件在建设行业的应用
　　新图形天下软件（北京）有限公司　谭　方………………………………131

第四篇　数据分类编码

空间数据交换与空间数据共享标准的研究
　　测绘遥感国家重点实验室　龚健雅………………………………………139
信息集成——数据管理发展的方向

　　　　IBM 公司　**王小虎** ·· 153

Oracle 空间技术促进建设行业信息系统建设

　　　　甲骨文公司　**孟文波** ·· 164

MySAP 工程与建筑

　　　　SAP　**柴　亮** ··· 173

信息分类技术在物资供应管理系统中的应用

　　　　北京三维天地计算机公司　**袁　岗** ·························· 178

第一篇

体系研究

第一篇

材料力学

三个标准的编制思路的大纲

北京理正软件设计研究院　梁向春

一、引言

1．标准的意义

（1）标准化是 GIS 技术开发、系统建立与运行维护的重要机制；

（2）缺乏空间数据标准的一致性，缺少相互运行的机制；

（3）标准化是 GIS 集成的前提。

2．标准的作用

（1）移植性（portability）；

（2）互操作性（interoperability）；

（3）可伸缩性（scalability）：为了适应不同的项目和应用阶段，有了标准，可以使软件以相同的用户界面在不同级别的计算机上运行；

（4）通用环境（common application environment）：标准提供了一个通用的系统应用环境，如提供通用的用户界面和查询方法等。减少学习新系统时间。

二、《工程建设地理信息系统软件通用标准》

本标准应以现行的国际国内的 GIS 及相关标准为依据，结合工程建设领域的实际情况和 GIS 在本行业的应用状况，制定出适合建立应用软件系统的内容。

1．GIS 标准动态

（1）ISO/TC 211

ISO/TC211，地理信息是正在出台的国际数字化地理信息标准，这个程序由很多国家参与并与其他本领域的相关国际组织有联络。ISO/TC211 程序下设五个工作组来完成标准化任务。

A．框架和参照模型；

B．地理空间模型和操作符；

C．地理空间数据管理；

D．地理空间服务程序；

E．外形和功能的标准。

（2）我国 GIS 标准动态

中国的全面标准化过程开始 19 世纪 80 年代中叶，主要集中在以下几个方面：

A．统一国家 GIS 坐标系；

B．统一数据的来源和环境信息的分类到国家水平上来；

C．统一国家数据编码系统；

D. 统一数据交换格式。

　　从1991年开始,就已经出版了相关的GIS标准,包括国家土地信息的地理栅格、分类和编码,森林资源的分类和编码,中国河流名称编码系统,地形特征分类和编码,城市地理特征编码规则等。

　(3) 中国国家标准
　　A. 国家干线公路路线名称和编号;
　　B. 国家基础地理信息系统(NFGIS)元数据标准草案(初稿);
　　C. 基础地理信息数据分类与代码;
　　D. 全国高速公路、一级公路临时编号;
　　E. 全国河流名称代码;
　　F. 中国周边国家和地区名称代码;
　　D. 全国主要湖泊名称临时代码;
　　H. 全国主要铁路路线临时编号;
　　I. 中华人民共和国行政区划代码。

2. 本标准内容

　(1) 概念标准
　　A. 综述;
　　B. 几何要素(点、线、面体、拓扑元素等);
　　C. 空间参照系;
　　D. 定位几何数据结构;
　　E. 存储函数和插值算法;
　　F. GIS要素(地理要素,包括矢量和栅格);
　　G. 面层类型;
　　H. 地面影像。

　(2) 实践标准
　　A. Client/Server模式的GIS平台的架构;
　　B. Browser/Server模式的GIS平台的架构;
　　C. GIS服务的体系结构;
　　D. 针对SQL的简单要素;
　　E. 针对OLE/COM的简单要素;
　　F. 数据目录接口实现;
　　G. Grid面层;
　　H. 坐标转换服务;
　　I. Web Map Server接口;
　　J. Web Map服务。

3. 分类和定义

　(1) 工程地质数据框架及要素定义
　　A. 地层(地质年代);
　　B. 地貌;

C. 地质构造；

D. 岩石和岩体；

E. 土；

F. 地质灾害；

G. 水文地质；

H. 勘探测试和勘察成果；

I. 工程监测。

(2) 工程建设数据框架及要素定义

A. 建筑物（房屋建筑、廊、墙、亭、碑等）；

B. 构筑物（高耸构筑物、池、罐和筒仓等）；

C. 地下工程（地下建筑、井、巷道和隧道等）；

D. 道路和桥梁（道路、桥梁等）；

E. 管道和架空线路（管道、电缆和光缆等）；

F. 水利、水电、水运（堤坝、运河和沟渠、码头等）；

G. 场地（功能、地面结构、长度、面积等）。

4．关于本标准编制的几个问题

(1) 组织结构的设想

（略）

(2) 标准的表达方式

A. 文字；

B. 图、表；

C. 表达模型的语言（UML）；

D. 其他。

三、《建设企业管理信息系统软件通用标准》

1．简单的解释

(1) 是一个软件通用标准；

(2) 是一个管理信息系统的标准；

(3) 是一个适用于企业的标准；

(4) 适用于建设行业的标准。

2．标准对企业信息化的意义

(1) 企业信息标准化是数据共享和系统集成的重要前提；

(2) 信息的标准化、规范化是系统开发的基础；

(3) 标准化是信息系统开发、运行维护的重要机制；

(4) 企业信息系统标准化建立在计算机和信息处理等多种技术的标准之上。

3．企业信息系统标准化的作用

(1) 可移植性（portability）；

(2) 互操作性（interoperability）；

(3) 可伸缩性（scalability）：相同的用户界面在不同级别的计算机上运行；

（4）通用环境(common application environment)：降低学习的时间。

4．国内相关标准和法规
（1）新会计法；
（2）关于贯彻执行《国有工业企业物资采购管理暂行规定》有关问题的通知；
（3）《国有工业企业物资采购管理暂行规定》；
（4）财政部关于印发《会计电算化工作规范》的通知；
（5）中国软件行业协会财务及企业管理软件分会财务软件数据接口标准98-001号；
（6）《企业会计准则—现金流量表》指南；
（7）会计核算软件基本功能规范；
（8）国际贸易新通则。

5．国际相关标准和法规
（1）RosettaNet

RosettaNet is an independent, nonprofit organization chartered specifically to develop e-business interfaces for the IT (information technology) and EC (electronic components) industries.

（2）webMethods B2B v3.0

webMethods is the leading provider of business-to-business integration software solutions, offering enterprises the opportunity to exchange business processes and data with all trading partners throughout the supply chain, regardless of each trading partner's existing technology.

6．建设企业的分类
（1）设计院所；
（2）施工企业；
（3）建材、建设机械、设备制造；
（4）其他。

7．企业管理的主线
（1）不同类型的企业管理的主线可能不同；
（2）面向过程的业务流程主线是值得考虑的。

8．本标准涉及的内容
(1) 概念标准部分的原则
A．一定要站在企业系统的高度去分析设计，而不是以业务职能分块去做；
B．以业务流主线,资金流、人力资源流等为辅助；
C．考虑电子商务等内容；
D．设计初步的概念模型。
(2) 实践标准部分的原则
A．多层结构的MIS平台的架构；
B．逻辑模型的设计；
C．物理模型的设计。

四、《建设信息平台数据通用标准》

1．简单的解释
（1）本标准是一个数据通用标准；
（2）本标准是一个信息平台的标准；
（3）本标准适应于建设行业。

2．国内相关标准
（1）中国软件行业协会财务及企业管理软件分会财务软件数据接口标准98-001号；
（2）会计核算软件基本功能规范。

3．行业信息平台软件的建设
（1）高复杂度的集成：需集成的单元数太多；
（2）如果集中投资费用很高；
（3）网络结构复杂。

4．标准对行业信息平台软件的建设的作用
（1）按"标准"各人自扫门前雪；
（2）可以分散投资，加快信息化进程；
（3）标准是唯一的成功之道。

5．概念标准部分的原则
（1）各级元数据（空间和非空间）；
（2）数据目录服务（空间和非空间）；
（3）建设企业电子商务部分；
（4）建设企业电子政务部分；
（5）建设行业电子政务部分；
（6）建设行业公众服务部分。

6．实践标准部分的原则
（1）各级元数据定义及相互关系；
（2）数据目录服务架构；
（3）数据交换体系及架构；
（4）建设企业电子商务部分架构；
（5）建设企业电子政务部分架构；
（6）建设行业电子政务部分架构；
（7）建设行业公众服务部分架构。

建设领域信息化标准体系的研究

哈尔滨工业大学管理学院　王要武

一、问题的提出

根据党中央、国务院的统一部署和国民经济信息化的总体要求,建设部制定了建设事业信息化"十五"计划,拟通过大力推进建设领域信息技术的研究开发与推广应用,改造和提升传统的建设行业。"十五"期间,我国也将实施"城市规划、建设、管理和服务的数字化工程"(以下简称"城市数字化工程")科技攻关项目。标准化是信息化建设中的一项关键性的基础工作。为了适应我国建设领域信息化发展的需要,必须加强建设领域的信息标准化工作。而研究建设领域信息化标准体系,制定建设领域信息化标准体系表,便可以从宏观上对建设领域信息标准的构成进行控制,尽快实现与建设领域信息化建设和发展相协调的建设领域信息标准化。

建设领域信息化标准体系的建立和标准体系表的编制对建设领域信息化的建设和发展具有以下意义:

1．描绘建设领域信息化标准的整体框架,使建设领域信息化标准体系协调配套,达到结构合理、科学有序,既适应建设领域信息化近期发展的需要,又能为远期发展提供必要的超前性技术标准。

2．指导建设领域信息化标准的编制和修订。建设领域信息化标准的编制和修订是一个庞大的系统工程,涉及多个学科和多个应用领域。标准体系框架能指导建设领域信息化标准建设的进展方向,为建设领域信息网络的整体开发和信息资源共享提供基础性前提保证。

3．促进建设领域等同或等效采用国际信息标准和国外先进标准,为尽快与国际接轨,赶超世界先进水平起到积极的指导和推进作用。

4．在宏观上指导和控制城市数字化工程的标准化建设,并能在层次上分清标准制定工作的轻重缓急,使城市数字化工程的进展井然有序。

二、国内外研究现状分析

为了推动信息化和数字化的研究和应用,许多国家和国际组织纷纷制定了自己的标准。国际标准化组织(ISO)直接从事信息和信息技术标准化工作的技术委员会有6个,现已发布的和正在研制的标准约1500个。国际电信联盟电信标准部(ITU-T)下设15个研究组和1个联合协调组,全面开展了数据通信网和开放系统通信等方面的标准及规范研制。国际电工委员会(IEC)制定和发布了信息技术方面的标准200余个。主要服务于欧洲国家和私营计算机与电信界的标准化组织,欧洲计算机制造商协会(ECMA),也已发布标准和技术报告200多个。

美国20世纪60年代就制定了联邦信息处理标准(FIPS)计划,并由国家标准和技术研究院(NIST)直接负责。在这一计划中首先制定的标准是地理编码标准,并被广泛地称为FIPS编码。1994年美国总统克林顿签署了《地理数据采集和使用的协调-国家空间数据基础设施》的行政命令,用行政手段来干预标准的制定。

加拿大是国际上信息规范化和标准化研究卓有成效的国家之一。早在1978年,加拿大测绘学院就授权加拿大能源矿产资源部测绘局(SMB-DEMR)成立适当的机构,研究制定数字制图数据交换标准。

为推动数字城市建设,韩国于2000年1月颁布了"电气通信基本法"和"信息化促进基本法"。根据建设交通部建筑法的规定,把终端通信相关项目委托信息通信部,制定并实行了若干线路设置办法的具体技术基准和有关电气通信设备技术基准的规则。

我国从80年代开始开展地理信息系统的研究和应用。1983年由原国家科委主持成立了"资源与环境信息系统国家规范研究组",对全国开展地理信息系统应用研究及国家规范问题进行了长时间的广泛深入的研讨,并于1984年提出了"资源与环境信息系统国家规范研究报告"。随后又将地理信息系统国家规范标准研究列入了我国"七五"国家科技攻关项目。地理信息系统国家规范标准的研究工作由中国研究院、国家测绘局和国家标准局(现国家质量监督局)共同主持,共提出了30多个国家标准或标准建议,其中由国家测绘局主持的《地理格网》、《国土基础信息数据分类与代码》等国家标准已由国家技术监督局批准发布实施。中国城市规划设计研究院等单位制定的《城市用地分类与规划建设用地》国家标准、北京市城市规划设计研究院等单位制定的《城市地理要素-城市道路、道路交叉口、街坊、市政工程管线编码结构规则》国家标准也正式颁布实施。

随着数字社区概念的诞生和发展,数字社区的标准也将逐步出台。2000年7月10日,建设部制订了关于《国家康居示范工程智能化系统示范小区建设要点与技术守则(试行稿)》。同时,中房集团正就"中房集团数字社区项目"全力向国家计委申请立项,该项目建设规模为1100余亿元,目的是建立一套统一规范化的标准,而且可以推广至全国,成为全国数字社区的样板。经建设部标准行政主管部门批准,"数字社区应用标准"的编写工作已经展开,其内容包括数字社区应用系统的总体功能、总体框架和总体技术要求,数字社区通讯及网络系统规范、数字社区底层控制通信网络技术规范,数字社区安全防范、信息管理等应用子系统的定义及技术要求,数字社区综合布线系统应用规范,信息运营服务子系统运营管理模式,数字社区建设管理的相关规范等。

我国信息化标准化工作,在国家质量技术监督局和信息产业部等部委的共同领导和支持下,对应ISO和IEC,相应成立了全国信息技术标委会(ISO/IEC/JTC1)、全国信息和文献标委会(ISO/TC46)、全国电子业务标委会(ISO/TC154)、全国工业自动化系统集成标委会(ISO/TC184)及全国地理信息系统标委会(ISO/TC221)等机构,并通过这些机构的积极工作,先后制定了信息分类编码、统一编码字符集、数据元表示法、信息安全体系结构等方面的国家标准1000多个。

近年来,随着我国信息化建设的发展,国务院信息化办公室和原国家科委又组织有关专家进行了国家信息化标准体系表的研究工作。交通部也组织有关专家编制了"交通行业信息标准体系表",该体系表由五大类组成:第一类为信息化基础标准,第二类为信息网络和计算机基础标准,第三类为信息分类与编码及文件格式标准,第四类为信息技术应用标准,第五类为信息化安全标准[1]。北京市组织有关专家编制了"首都信息化标准体系",该体系框架由术语、信息分类编码、中文平台、存储媒体、软件与软件工程、计算机通信网络、办公自动化、识别卡、多媒体与图形图像、信息安全、工业自动化、业务数据结构化与交换、设备、测试与评估、地理信息、相关标准和其他标准等16个分体系组成[2]。

三、建立建设领域信息化标准体系的原则

根据 GB3935.1《标准化基本术语 第一部分》和 GB/T13016《标准体系表编制原则和要求》的定义,标准体系是一定范围内的标准按其内在联系形成的科学的有机整体。标准体系表则是标准体系内的标准按一定形式排列起来的图表[3]。由此推论,建设领域信息化标准体系是涉及建设领域信息化的标准按其内在联系形成的科学的有机整体。建设领域信息化标准体系表则是建设领域信息化标准体系内的标准按一定形式排列起来的图表。

考虑我国信息化建设的发展状况和建设领域的特点,建立建设领域信息化标准体系应遵循以下原则:

1. 建设领域信息化标准体系既要体现信息化技术和应用的特点,又要突出建设领域及其信息化建设的特点,尽可能将建设领域各个专业应有的信息标准都包容到体系中来。

2. 要紧密结合《建设事业信息化"十五"计划》和城市数字化工程科技攻关项目的实际需要,重点考虑2010年前建设领域信息系统与信息网络的建设、管理、应用和发展的需要。

3. 按照建设部"十五"标准化规划目标的要求,确保建立一个符合《标准化法》,适应建设领域信息化发展需要,具有规划、协调、监督、服务功能和与国际接轨、技术先进、结构合理、专业配套的建设领域信息化标准体系。

4. 遵循国家标准 GB/T 13016《标准体系表编制原则和要求》,同时参考 GB/T 13017《企业标准体系表编制指南》,确保建设领域信息化标准体系全面成套、层次恰当、划分明确。

四、建立建设领域信息化标准体系的构想

1. 按行业建立信息化标准体系

建设领域是包括城市规划、城市建设、工程建设与建筑业、住宅与房地产业等众多行业的复杂大系统,各行业的运营和管理都有明显的差异,其信息化的模式、途径和信息技术的应用也有显著的区别。同时,各行业间也有许多共性的特征。因此,可将建设领域信息化标准体系设计成图1所示的层次结构。

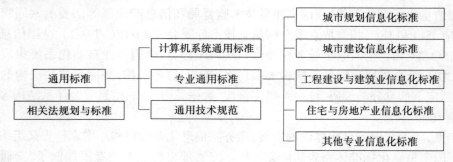

图1 按行业建立的建设领域信息化标准体系的层次结构

第一层是提取各行业的共性特征所制订的共性标准,包括通用标准和相关法规与标准两部分。通用标准的构成如图 2 所示。其中,管理规定主要包括建设领域标准化的管理规定和制定信息标准的基本规定;方法标准和术语标准是建设领域信息化建设中各专业都要用到且必须执行的标准,它们是信息标准化的重要基础标准。相关法规与标准的构成如图 3 所示。

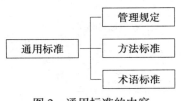

图 2　通用标准的内容

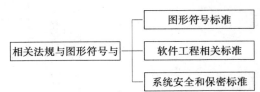

图 3　相关法规与标准的内容

第二层包括计算机系统通用标准、专业通用标准和通用技术规范三部分。计算机系统通用标准的构成如图 4 所示。专业通用标准的构成分别如图 5～9 所示。通用技术规范的构成如图 10 所示。

2. 按信息技术的应用范畴建立信息化标准体系

按照信息技术的应用范畴,可以把信息标准化的对象分为信息、信息技术、信息技术应用和管理四大方面。

图 4　计算机系统通用标准的内容

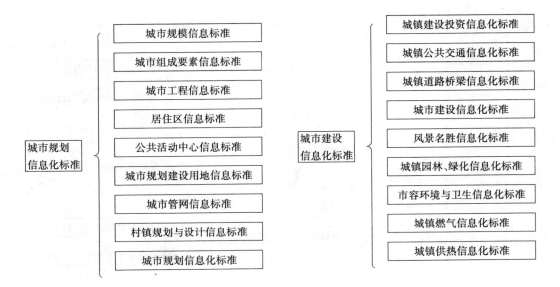

图 5　城市规划信息化标准的内容　　图 6　城市建设信息化标准的内容

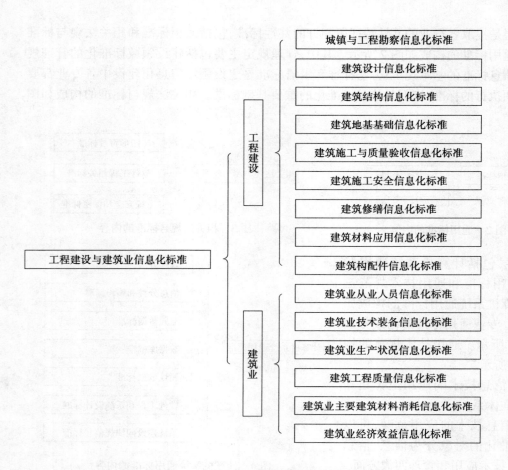

图 7 工程建设与建筑业信息化标准

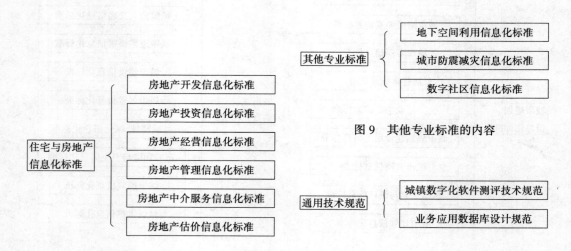

图 8 住宅与房地产业信息化标准的内容

图 9 其他专业标准的内容

图 10 通用技术规范的内容

可以根据这四大方面,再结合建设领域的各个业务领域,确定建设领域信息化标准体系表的结构、层次。具体做法是:将每一大类按专业分类,每一专业中再按门类分类,每一门类中再分若干小类,直至具体标准项目。这样组合的信息化标准体系表的结构与层次,可使建设领域的各部门、企事业单位清楚地了解和掌握其脉络与布局,对信息标准化的内容一目了然。图 11 给出了按信息技术的应用范畴建立的建设领域信息化标准体系的总体结构。

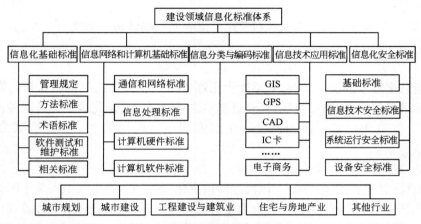

图 11　按信息技术的应用范畴建立的建设领域信息化标准体系的总体结构

信息化基础标准中的相关标准,是由其他标准体系归口,而建设领域又要参照执行的国家及其他行业的标准。

信息网络和计算机基础标准中,既有直接引用的国家标准,又有需要自行编制的建设领域行业标准。需要说明的是,这方面的国家标准只选择与建设领域密切相关,同时又经常用到的项目,使其重点明确,特点突出,不显冗余。

信息分类与编码标准的内容是最能体现建设领域行业特色的,它涉及建设领域各专业和门类,所以分类细,内容多,在整个体系表中将占据较大的篇幅,是建设领域信息标准化工作的重点。按建设领域所涵盖的范围和专业,该标准共分为 5 个种类,各种类下又分为许多小类(参见图 4 至图 9),使这部分信息标准内容丰富,相互配套,各成系列。

信息技术应用标准主要由 GIS、GPS、CAD、IC 卡、OA、MIS、VR、电子商务等方面的应用标准组成。与信息网络和计算机基础标准类似,这部分标准中既有直接引用的国家标准,又有需要自行编制的建设领域行业标准。

信息化安全标准可按国家的有关标准执行。因此,该部分标准中新提出的行业标准相对较少,所列的国家标准也应是与建设领域密切相关的标准。

参考文献

[1]　林青,孙黎莹. 交通行业信息标准化体系表的研究. 交通标准化,1999(1,2)
[2]　北京市发展计划委员会等编. 首都信息化标准体系. 北京:中国标准出版社,2001
[3]　鲍仲平著. 标准体系的原理和实践. 北京:中国标准出版社,1997

住宅与房地产业信息化标准体系的研究

清华大学土木水利学院　**尚春明　杨洪涛　刘洪玉**

一、问题的提出

随着信息化技术的快速发展,人类社会正逐步由工业社会进入信息社会。当今社会信息化已是各国发展经济、强国富民、社会进步的战略选择。信息化也成为各国经济和科技竞争的制高点,信息化程度已成为衡量一个国家和地区现代化水平和综合实力的重要标志。

为了适应国际竞争和时代发展的需要,早在1994年,我国国务院就成立了国民经济信息化联席会议,并在我国正式提出"国民经济信息化"的口号。《中共中央关于国民经济和社会发展"十五"计划的建议》中指出:"大力推进国民经济和社会信息化,是覆盖现代化建设全局的战略举措。以信息化带动工业化,发挥后发优势,实现社会生产力的跨越式发展。""十五"期间,我国信息化建设将遵循这个指导思想,扎实并快速地推进国民经济和社会信息化建设。住宅与房地产业作为国民经济的重要组成部分和新的经济增长点,更加需要全面的推进信息化建设,这也是住宅建设由粗放式向集约式发展的前提。住宅与房地产业信息化标准体系是住宅与房地产业信息化建设的基础性工作,对信息化建设的发展具有重要指导作用。

二、住宅与房地产业信息化的含义与意义

住宅与房地产业信息化是指在住宅与房地产业生产经营活动的各环节全面开发和应用现代信息技术,广泛深入的开展信息资源生产、收集、交流、利用以及增值服务,最大限度地发挥信息的社会效益和经济效益的过程。

开展住宅与房地产业信息化,通过建立完备的信息基础设施,在住宅与房地产的生产、经营、管理与服务等方面广泛应用信息技术,有效开发利用信息资源,可优化产业结构,促进行业科技进步,提高房地产业的服务管理水平,促进国民经济的快速健康发展。

三、住宅与地产业信息化标准体系编制的思路

住宅与房地产业信息化标准的种类繁多,数量巨大,必需根据住宅与房地产业的行业特点,将具有内在联系的标准组成一个科学的有机整体,形成一个比较完善的体系,才能为政府宏观调控提供可靠的依据和原则,使信息化的建设者、开发者和使用者清楚地了解、掌握和运用所需的标准,为信息化建设工程提供有利的技术支撑。为了达到这一目的,在编制住宅与房地产业信息化标准体系时,应注意以下几个问题:

1. 有利于信息化建设目的的实现

住宅与房地产业进行信息化建设的主要目的是：为政府进行宏观管理服务；为行业进行信息分析，制定行业发展规划服务；为企业逐步实现办公自动化、管理现代化、决策科学化，提高工作效率、经济效益服务。

因此，编制标准体系时，应该面向服务对象，住宅与房地产信息化标准体系应包括与政府、行业、企业三者相关的标准，对信息化建设提供指导和规范，保证信息化建设目的的实现。

2. 突出住宅与房地产业的行业特点

我们将住宅与房地产业信息化标准分为以下四个领域：住宅与房地产开发信息化标准、住宅与房地产服务信息化标准、住宅与房地产市场信息化标准、住宅与房地产管理信息化标准。既包括了住宅与房地产业生产经营活动的各个过程，还包括了对其行政管理的内容，又突出了行业特色。

3. 标准的选取原则

住宅与房地产信息化标准体系中项目选取的原则是：结合住宅与房地产业的行业特色与信息化建设的需要，紧紧围绕信息化的主题，力求达到简洁与全面的统一，并能够适应未来发展变化的需要。

4. 突出信息化的涵义

目前关于信息化的涵义没有一个统一的说法，根据我们的理解，信息化应该包括：

(1) 有关代码、符号的统一标准格式。
(2) 有关可以标准化的量化方法。
(3) 有关信息平台的软硬件的建立、维护的有关规定。
(4) 能够突出当前信息技术的内容，如基于GIS的软硬件系统等。

在制定有关标准体系时，我们力求能够较好地体现出信息化自身的规律。

四、住宅与房地产业信息化标准体系框架

通过以上研究我们初步提出其标准体系框架如图1～5所示。

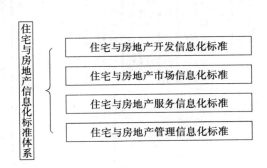

图1 住宅与房地产业信息化标准体系

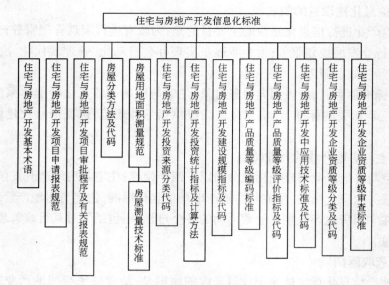

图 2　住宅与房地产开发信息化标准

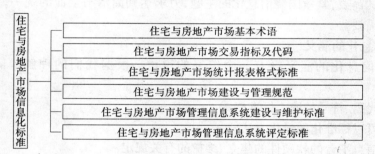

图 3　住宅与房地产市场信息化标准

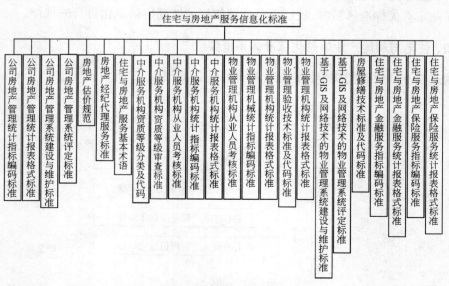

图 4　住宅与房地产服务信息化标准

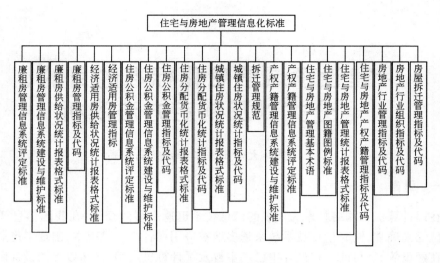

图 5 住宅与房地产管理信息化标准

参考文献

[1] 张丽虹．信息化与信息标准化．上海标准化，1999(2)
[2] 王要武．建设领域信息化标准体系的研究．建设行业信息系统相关软件通用标准技术研讨会，2001(12)
[3] 曲国禹．信息化与企业技术创新．北京:中国科技产业月刊，1999(3)
[4] 陆钧．信息化建设应重视标准化．质量监督与消费，1998(3)

建设领域信息化标准的目的、分类以及制定方法浅析

清华大学土木工程系　马智亮

一、引言

在以计算机和网络技术为代表的信息技术迅速发展的今天,在我国信息产业作为产业的地位已经确立,同时信息技术越来越多地被应用在各产业过程中,出现了产业信息化的趋势。在建设领域,目前工程设计中已基本普及了计算机应用,95％以上的设计图纸是用计算机来输出的;在施工中,开始越来越多地使用计算机来计算工程量、编制网络进度计划、进行信息管理等;在设计和施工企业中,建立局域网和企业内部网用以交换和共享信息的例子也不在少数;在个别工程项目中,设计单位在给建设单位和施工单位提交设计图纸的同时,还提交相应的计算机文件。

但是,从总体上来讲,目前的信息化只能称得上是局部信息化。因为,就工程项目而言,信息化还限于部分工程的部分方面;就企业而言,信息化还只限于部分企业,而在这些企业中也往往限于局部的过程。尽管如此,实际过程中已经出现了不少的问题。例如,使用不同软件时,同样的数据还往往需要重复输入;虽然使用了计算机,有关的文档资料还是必须以传统的、基于纸介质的方式提交。

产生这样的问题的主要原因是,建设领域信息化的行事规程和标准的不到位。为了全面地推进建设领域信息化,建立相关的行事规程和标准被提到了议事日程。

与其他领域的信息化相似的是,建设领域信息化的核心是,在尽可能地实现信息的自动化处理的同时,要将建设领域目前基于纸介质的信息交换模式改变为基于电子介质的信息交换模式。建设领域还有其特殊性。例如,同样涉及CAD图形,建设领域与制造业有不少的不同之处。迄今为止,关于建设领域信息化下的行事规程和标准的论述还十分欠缺。

本文旨在分析一些关于建立建设领域信息化标准时遇到的一些基本问题,包括建立标准的目的、有关标准的分类以及制定方法,并对国外标准发展的动向进行介绍,然后对如何建立我国的建设领域信息化标准提出一些建议。

二、标准的目的与标准化的方面

根据我国的国家标准术语,标准是"为在一定的范围内获得最佳秩序,对活动或其结果规定共同的和重复的使用规则、导则或特性的文件。该文件经协商一致制定并经一个公认机构批准"。根据国际标准化组织(ISO)的术语,标准是"由有关各方根据科学技术成就与先进经验,共同合作起草,一致或基本上同意、并由标准化团体批准的技术规范或其他公开文件,其目的在于促进最佳的公共利益"。

根据这些定义,标准的目的在于促进最佳的公共利益;标准化的对象是活动或其结果。

具体到建设领域信息化,为了促进最佳的公共利益,哪些方面应该作为标准化的对象呢?一般地认为,主要有三个方面:第一方面是信息交换;第二方面是信息的综合利用;第三方面是信息技术的充分利用。

其中,第一方面主要考虑建设领域的企业之间、企业与政府部门之间等的数据交换。例如,在工程设计中,设计方把设计结果提交给甲方,或施工方向监理方报告有关事项。在这方面,目前主要是基于纸介质进行的。

第二方面对应于企业或政府部门等对多方信息的综合利用。例如,作为承包商,他既要利用定额部门提供的建筑定额信息,同时还要利用供应商提供的材料报价信息,还有可能同时利用测绘部门提供的基础地理信息。目前虽然存在很多数据库,但要想同时利用多个数据库进行分析还存在着困难,原因是不同的数据库往往采用了不同的编码体系。

第三方面考虑一方内部的信息处理,包括集成使用若干个不同的系统。例如,承包商在项目管理过程中,需要使用工程量计算系统、网络计划系统以及项目管理信息系统等。这在目前是最明显的。由于这些系统往往是由不同的厂商提供的,很难把它们有机地集成在一起。结果,用户为了利用一些软件,往往不得不重复输入数据。

上述三个方面中,第一方面与公共利益明显相关。因为,按照统一的标准来交换信息,无论对哪一方都有好处。第二方面和第三方面可以说是企业、政府部门等的各单位的共性问题,有关标准的制定,也会给各单位带来直接的好处。

三、标准的分类与标准化的内容

可以从不同的方面对标准进行分类,例如,从标准的使用范围分,从标准化的方面分,从标准的特征分等。这里将从标准化的方面对主要标准的内容进行分类,同时简述一下各类标准的现状。

1. 用于进行数据交换的标准

即使在信息化完全实现后,企业之间、企业和政府部门之间的信息交换恐怕还是要以计算机文件的形式为主。按照是否关于图形信息,可以分为两类,即,图形标准和文档标准。

先来看图形标准。又可以分为两类,即,正式标准和事实标准。前者的例子如,ANSI 的 IGES、ISO(International Standard Organization)的 STEP 等;后者的例子如,美国 Autodesk 公司的 AutoCAD DXF 文件格式和 DWG 文件格式。应该说明的是,上述这些标准不仅仅适用于建设领域,也适用于其他领域。

其中,最值得说明的是 STEP 标准。它是关于产品数据的标准。在 STEP 数据模型中,不仅包含了产品的图形信息,还包含了产品的属性信息,即非图形信息。STEP 的数据模型包含三个层次,依次为应用层、逻辑层和应用层。关于具体应用领域的数据属于应用层。目前该模型的框架已被建立,但包括建设领域在内的各应用领域的数据模型还在建立之中。前不久,日本推出了一个专门为建设领域开发的标准,叫做 SXF。这是一个给予 STEP 标准开发出来的标准,是对 STEP 标准在建设领域中的发展。

在我国,1998 年已经制定了《CAD 通用技术规范》,据说针对建设领域的 CAD 规范正在制定过程中。

再来看文档标准。目前还没有系统的、基于电子介质的文档标准。在建设领域中,涉及大量的信息文档,例如,设计阶段的勘察、测绘、设计计算文件;安装施工阶段的施工记录、监理记录、竣工验收资料等。目前,关于这样的信息文档,只有基于纸介质的文档标准,散布在大量的规范和规程中,例如,《混凝土结构工程施工及验收规范》、《北京市建筑安装工程资料管理规程》等。

2. 用于多方信息综合利用的标准

涉及多方信息的综合利用,主要是工程信息分类标准,即信息编码标准。有了一致的信息编码,从多个数据库分析数据就容易了。

在欧美,工程信息分类标准,比较有代表性的有北美的 MASTERFORMAT、欧洲的 CI/SfB 以及在 ISO 的 CICS(Construction Information Classification Systems)框架基础上建立起来的 Uniclass。但是,在我国的建设领域,这方面还非常薄弱。

3. 用于系统集成的标准

用于对系统进行集成的标准也可以分为两类:一类是数据模型标准,另一类是接口标准。前者支持通过数据模型来进行系统集成,而后者通过利用数据库来集成。在 STEP 标准和 IAI(International Alliance for Interoperability standars)IFC 标准中都包含了这两类标准的内容。在我国,目前还没有开发出这样的标准。

四、信息化标准的制定方法

制定建设领域信息化标准时,可以说:相关研究是基础,行事规程是根本,高新技术是关键,多方协作是动力,应用研究是保障。

相关研究是指与标准的制定密切相关的研究。例如,关于施工项目的信息化建模研究,对于建立关于施工项目的工程信息编码,是必不可少的。

行事规程是指信息化实现后建设领域的行事规程。例如,关于施工项目,在施工过程中是否还需要有关各方签认纸介质信息,还是在网上就可以进行信息签认?是否需要承包商在竣工时提交纸介质信息,还是提交电子介质的信息就可以了?又如,是否可以利用电子商务手段,在网上进行电子签约和电子支付?为了充分地利用信息技术带来的好处,在实现建设领域信息化之后,对现有的行事规程进行改进,不仅可能,而且是完全必要的。行事规程的改变无疑会对标准产生影响。因此,在制定标准之前,有必要事先预计建设领域信息化实现以后的应用情形。

将高新技术应用到标准制定过程中,会产生意想不到的效果。目前在标准化过程中广泛采用的技术是 XML 技术。XML 是一种结构化数据描述语言,它实现了数据模式描述、数据具体内容和数据显示格式的三位一体化,并支持在万维网上的应用。比起传统的描述方法,它不仅在描述文档数据时具有优越性,在描述图形数据时也具有明显的优越性。

标准的制定必须由多方面来参加。这样,一方面可以集中各方面的智慧,另一方面也可以为标准的推广和应用打下基础。以日本的建设领域图形交换标准 SXF 为例,共有 37 家研究机构、270 多家企业参与了制定。

应用研究对标准的成败同样重要。标准的内容一般比较抽象、叙述也非常单调,很难很快地为人们所接受。在这种情况下,通过进行有关的应用研究,可以具体地展示标准的应用情形,说明应用的可行性,使人们对标准加深了解。另外,通过应用研究也可以使标准得到扩展。例如,在 ISO 推出 STEP 标准后,欧洲联盟就组织了 5 个大的研究项目,包括 COMBINE、COMBINE II、ATLAS 等专门进行 STEP 标准的应用研究。

需要特别说明的一点是,采用事实标准要慎重。一般来讲,事实标准和广为人们接受的软件系统紧密相连,例如 AutoCAD DXF 文件格式是 AutoCAD 软件直接支持的格式,因此在使用上比较方便。事实标准最关键的弱点是,它不保证你今后也要支持它。例如,也许再过 10 年,Autodesk 公司要把它淘汰掉,即 AutoCAD 软件将不支持它。这时候,用户积累的 DXF 文件资源就面临不再能用的危险。而要采用标准化机构制定的标准则不是这样。首先,在对标准进行升级时,都要做到向下兼容;另外,作为正式标准,会有很多厂商来支持,一两家厂商不搞了,对应于标准的资源的使用丝毫没有影响。

还需要说明一点,就是有必要充分地利用已有的标准,例如 ISO 的标准等。这一方面是因为标准的制定是非常费时费力的事情,另一方面,采用通用的标准有利于利用外部的资源。当然,在某些领先的领域,抢先制定标准或制定有竞争力的标准,有助于巩固已有的优势,在激烈的竞争中占据制高点。

五、国外信息化标准发展动向

据有关资料,在建设领域信息化标准方面,走在前面的有德国、荷兰等国家。以德国为例,在 20 世纪 60 年代就成立了全国性的建设领域信息化标准组织,逐步制定和完善了工程信息标准。目前,德国建设领域的应用软件,几乎百分之百能够读入并输出符合标准的数据。这既有利于信息交换,也有利于系统集成。

日本是世界上第一个在全国系统地推进建设领域信息化的国家。自 1995 年以来,日本的建设领域在信息化方面已经做了大量扎扎实实的工作。日本计划于 2004 年率先在国家重点建设工程中推行信息化,目前已经形成了不少标准草案,例如《CAD 图形标准》、《电子数据提交标准》、《施工资料电子提交标准》、《咨询设计资料电子提交标准》、《建设领域 EDI 标准》等。

另外,一些标准化团体的表现也异常活跃。例如,以 Autodesk、Microsoft 等大公司为首成立的 IAI 在近年来接连推出了 IFC 标准和 AECXML 标准。其中 IFC 最早是将建筑结构 CAD 图形数据定义为三维实体的数据表示和文件格式,使 CAD 用户可以在不同的软件间相互交流数据。目前,它已经被扩展到支持非图形数据,如工程估价和项目管理等方面,成为对象模型化系统。AECXML 是专门针对建设领域工程信息的标准。其特点是使用 XML,针对建设领域,定义了大量的数据模式,从而方便系统开发人员通过它来开发易集成、易交换数据的软件系统。

六、发展我国建设领域信息化标准的几点建议

基于上述分析,笔者在这里想提几条发展我国建设领域信息化标准的建议。

1. 有必要把握全局,统筹规划。一般说来,标准是一把双刃剑,它既可以促进技术的发展也可以阻碍技术的发展。经验证明,如果标准过于局部化,各个部分之间不搭界,就很容易造成阻碍技术发展的情况。发展我国建设领域信息化标准是一件涉及面相当广、技术难度高的工作,一定要在把握建设领域信息化本身的基础上进行。如果对建设领域信息化实现后,实际过程将会变成什么样还不了解,那么,即使标准做出来了,也难免脱离实际。在把握的基础上,就可以进行统筹规划。看看究竟需要制定哪些标准,标准之间有没有顺序上的约束,然后,制定一个统一的时间计划。

2．有必要知己知彼，加强研究。如上所述，国外已经形成了很多与建设领域信息化相关的标准。应该看到，这样的标准来之不易，它们是知识、智慧和财力的结晶。首先要去学习、把握，然后，看看能不能为己所用。如果能用，就尽量去用。如果还不能判别，可以做一些实验。做实验总比从头做起容易。同时，对于与我国的国情紧密相关的部分，例如，管理体制，需要加强研究。在深入认识的基础上，再形成标准。

3．有必要联合攻关、突破重点。在发展标准的过程中，产学研官有必要很好地结合起来，同时工作要有重点、有步骤地进行。以日本的经验，在建立标准时，要分别成立专门的部会，在部会中，来自产学研官各方面的成员都有。一方面，该部会成员要在讨论的基础上形成标准的草案，另一方面，还要及时地在实际过程中进行使用，以便听取反馈意见，进行修改和完善。

4．有必要增加投入、保证质量。标准的制定涉及大量的工作，因而也需要大量的投入。以日本的SXF图形标准为例，首先确立了文件格式；接下来，开发了数据访问接口，包括从文件中读入数据、修改数据和向文件写入数据等；还开发了SXF数据文件浏览器、与现有的主要文件格式的转换器等。有了这样的基础，使用该标准的时候就容易得多，实际上给所有的相关单位都带来了方便。那么，日本是怎样解决投入问题的呢？一句话就是两条腿走路。一方面，政府进行了一定的投入；另一方面，吸收了300家企业作为会员单位，每家出一定的资金投入到标准的开发中去。对于开发出的成果，实行谁投资谁受益，会员单位有进一步开发的权利。笔者认为，在发展我国建设领域信息化标准的过程中，可以借鉴日本的经验。

综上所述，建设领域信息化标准是实现建设领域信息化的一个重要组成部分，有必要把它建立好。在标准建立的过程中，需要首先把握建设领域信息化的应用情形，广泛地吸收国内外的先进经验和高新技术，有组织有步骤地开展工作。

相信我国建设领域信息化标准将得到迅速的发展。

地理信息标准化是实现信息共享的重要基础

国家基础地理信息中心　蒋景瞳

地理信息标准化是地理空间信息共享的基础，在不同部门、不同系统、不同地区之间传输数据、互操作数据，离不开地理信息标准化。

地理信息标准对于建设国家空间数据基础设施和构建"数字地球"、"数字省区"、"数字城市"等都十分重要。同样，对于推动各部门的信息化进程也具有重要意义。

标准化过程需要解决发展与稳定的矛盾、统一与不统一的矛盾、生产与使用的矛盾、通用与专用的矛盾、水平高与水平低的矛盾、繁与简的矛盾、标准化与多样化的矛盾等。

国际标准化组织地理信息标准化技术委员会（ISO/TC 211）成立于1994年。它的工作范围是数字地理信息领域标准化。主要是制定一套用于直接或间接与地球上位置有关的目标或现象信息的结构化标准。这套标准确定地理信息数据管理（包括定义和描述）、采集、处理、分析、查询、表示，以及在不同用户、不同系统及不同地方之间用数字或电子形式转换数据的方法、工具和服务。该项工作与相应的信息技术标准及可能有的数据标准相联系，并为使用地理数据的部门的特定应用提供框架。

ISO/TC 211目前正在研制35个地理信息国际标准（表1），涵盖地理信息框架和参考模型、地理空间信息模型和算子、地理空间信息管理、地理空间信息服务和专用标准等方面。其中许多与地理空间信息数据交换网站密切相关。迄今为止已出版国际标准（IS）1份、已出版的技术报告（TR）2份、完成的国际标准草案（DIS）14份。其余标准均在研制中。

ISO/TC211 工作项目总览　　　　　　　　　　　　　　　表1

ISO 19101 - 地理信息 参考模型	ISO 19115 - 元数据
ISO 19102 - 综述（注：该项目已于2001年10月撤销）	ISO 19116 - 定位服务
ISO 19103 - 概念模式语言	ISO 19117 - 图示表达
ISO 19104 - 术语	ISO 19118 - 编码
ISO 19105 - 一致性与测试	ISO 19119 - 服务
ISO 19106 - 专用标准	ISO/TR 19120 - 实用标准 + new rev
ISO 19107 - 空间模式	ISO/TR 19121 - 影像与栅格数据
ISO 19108 - 时间模式	ISO/TR 19122 - 从业人员资格认证
ISO 19109 - 应用模式规则	ISO 19123 - Coverage的几何与函数模式
ISO 19110 - 要素编目方法	ISO 19124 - 影像与栅格数据构成
ISO 19111 - 基于坐标的空间参照	ISO 19125 - 简单要素查询
ISO 19112 - 基于地理标识符的空间参照	ISO 19126 - 专用标准 要素与属性分类代码数据字典
ISO 19113 - 质量基本原理	ISO 19127 - 大地测量代码与参数
ISO 19114 - 质量评价过程	ISO 19128 - 万维网地图服务器接口

续表

ISO 19129 - 影像、栅格数据及 Coverage 数据框架	ISO 19133 - 基于位置的跟踪与导航服务
ISO 19130 - 影像、栅格数据传感器与数据模型	ISO 19134 - 基于位置的多模式路径和导航服务
ISO 19131 - 数据产品规范	ISO 19135 - 地理信息项目注册程序
ISO 19132 - 可能的基于位置服务标准	

国家质量技术监督局委托国家测绘局担任国际标准化组织地理信息标准化技术委员会(ISO/TC 211)国内活动归口管理部门,秘书处设在国家基础地理信息中心。从 1995 年 12 月至今,已先后 11 次组团参加 ISO/TC 211 第 3～13 次全体会议和工作组会议,并推荐专家参加它的 30 个标准项目的制定。从维护我国国家权益出发,组织专家参与各个地理信息国际标准草案文本的讨论、修改和投票。正在筹备出版《地理信息国际标准手册》。

我国于 1997 年成立了全国地理信息标准化技术委员会(CSBTS/TC 230),负责我国地理信息国家标准的立项建议、组织协调、研究制定、审查上报,秘书处设在国家基础地理信息中心。我国已经和正在研究制定若干与地理信息相关的国家标准。

地理信息共享的标准化环境是实现地理信息共享的必要条件之一。根据我国目前的情况,急需研究制定的地理信息共享国家标准主要有:

一、元数据标准

地理信息元数据标准是地理信息共享最为重要的标准之一。该标准规定地理信息元数据的内容,包括数据的标识、内容、质量、状况及其他有关特征。可用于对各种地理信息数据集的全面描述、数据集编目及信息交换网络服务。实施对象可以是数据集、数据集系列、要素实体及属性。

元数据是关于数据的数据。该标准规定元数据内容由三种成分构成:元数据子集、元数据实体和元数据元素。元数据元素是元数据的最基本的信息单元,元数据实体是同类元数据元素的集合,元数据子集是相互关联的元数据实体和元素的集合。在同一个子集中,实体可以有两类即简单实体和复合实体,简单实体只包含元素,复合实体既包含简单实体又包含元素,同时复合实体与简单实体及构成这两种实体的元素之间具有继承关系。

地理信息元数据标准内容分为两个层次,一级元数据和二级元数据。一级元数据是唯一标识一个数据集(数据集、数据集系列、要素和属性)所需要的最少的元数据实体和元素。任何数据集(数据集、数据集系列、要素和属性)一般都应有一级元数据,其内容主要包含一级元数据中性质为必选和条件必选(如果具有该条件特征的话)的实体和元素。一级元数据具有通用性,是对各种数据集的总体的、概括的说明。二级元数据是建立完整数据集(数据集、数据集系列、要素和属性)文档所需要的全部元数据实体和元素。在确定数据集的元数据具体内容时,除元数据实体或元素特征为必选的必须包含外,要根据数据集的具体情况决定是否应包含性质为条件必选的元数据实体或元素,同时决定选择哪些性质为可选的元数据实体或元素。

我国地理信息元数据国家标准已经获得国家质量技术监督局批准立项制定,计划 2001 年底完成。

二、数据分类编码体系

地理信息是指一切与地球上的位置直接或间接相关的目标或现象的信息,其内容极其丰富,涉及资源、环境、灾害、经济与社会诸多方面。就其中某一类信息而言,有的已经制定了该类信息的数据分类与代码国家标准或行业标准,有的正在或准备制定分类代码标准。它们是相互独立、互不关联的。各种地理信息按照这些分类编码国家标准或行业标准采集、更新、使用信息的工作也已经延续多年,形成了较为固定的分类习惯。为保证这些信息的持续采集与更新,同时也便于地理信息交换与共享,需要尽快制定地理信息分类编码体系框架。

该标准在更高的层次上,本着科学性、系统性、可延性、兼容性和综合实用性的分类原则,在基础地理信息和各种专题信息本身已经或将要制定的分类编码的基础上,在更高级别上研究制定所有地理信息的总体分类体系框架及其编码方案,规定各专业类别的代码,以便在数据交换的过程中和交换后的应用分析中,能够容易地区分和识别各种不同种类的信息,而不会产生矛盾和混淆。

该标准已经获得国家质量技术监督局批准立项制定,计划 2001 年底完成。

三、统一空间定位参照系统

空间参照系统是真实世界位置信息的描述,地球表面或接近地球表面的空间目标位置都可以用空间参照系统来描述。空间参照系统分为两类,即基于坐标的和基于地理标识的空间参照系统,其表述形式可以是一组坐标、标识符或代码。

1. 基于坐标的空间参照系统是以地球为参照的坐标系统,它有两种不同的类型:一般情况的坐标参照系和特殊情况的复合坐标参照系。

一般的坐标参照系由一个基准和一个坐标系定义。

复合坐标参照系是指描述三维空间位置的水平和垂直坐标系由不同的坐标参照系定义。假设垂直基准和沿重力方向的高度由坐标参照系 2 定义。

我国基于坐标的空间参照系基准在《中华人民共和国测绘法》中已经明确规定"国家设立和采用全国统一的大地基准、高程基准、深度基准和重力基准"。目前全国统一的大地基准是"1980 年国家坐标系"、"1985 年国家高程系"和"理论深度基准",1978 年以前使用的是"1954 年北京坐标系"、"1956 年黄海高程系"和"理论深度基准"。在工作中常见坐标参照系还有美国国防部的"WGS84 地心坐标系"(World Geodetic System 1984 geocentric reference system)和地方独立坐标系。

我国曾规定采用青岛验潮站求得的 1956 年黄海平均海水面,作为我国统一的高程基准。凡由该基准面起算的高程在工程和地形测量中均属于 1956 年黄海高程系统。从 1985 年起,我国开始改用"1985 年国家高程基准",凡由该基准起算的高程在工程和地形测量中均属于 1985 年黄海高程系统。

2. 基于地理标识的空间参照系统不是基于精确的坐标,而是建立在地理要素的位置关联基础上的。要素的位置关联可能是:包含(如政区)、量测值(如一条街道的长度)和模糊关联(如一个建筑物与另一个建筑物之间)。地理标识的形式是唯一标识要素的标识符或代码。例如:

——县级政区,地理标识符可以是"县名"和"政区代码";

——居民点,地理标识符可以是"居民地名称";

——地址,地理标识符可以是"地址名称"和"邮政编码";

——流域、河流或支流,地理标识符可以是"名称"和"代码"。

基于地理标识的空间参照系统由以下属性描述:名称、主题、拥有者、使用范围和定位类型。

已经和正在制定的中华人民共和国行政区划代码、国家干线公路名称和编码、全国河流名称代码、中国山脉山峰名称代码等国家标准均属于基于地理标识的空间参照系统范畴。

四、数据质量控制

数据质量问题是关系到共享信息能否有效应用的重要问题。该标准描述地理数据质量的原理和建立有关数据质量的模型,定义数据质量元素,并提供数字形式地理数据集质量的评价过程框图,将数据质量评价结果报告作为元数据中数据质量信息的一部分。

确定数据质量评价指标和方法的难点在于数据质量的含义、内容、分类、分级、质量的评价指标等。不同类型地理数据(如矢量数据、栅格数据、影像数据、属性数据等)评价方法不同,不同专题对数据质量的要求也有很大差异,很难用统一的指标和方法进行评价,需要进行比较多的探索和试验研究。

就一般而言,数据质量用数据质量元素来描述。数据质量元素分为两类:数据质量的定量元素和数据质量的非定量元素。前者描述数据集满足预先设定的质量标准要求及指标的程度,提供定量的质量信息。后者提供综述性的、非定量的质量信息。

我国地理信息质量控制国家标准已经获得国家质量技术监督局批准立项制定,计划2001年底完成。

五、数据字典

数据字典是数据及数据库的详细说明,它以数据库中数据基本单元为单位,按一定顺序排列,对其内容作详细说明。数据字典可用于数据库数据的查询、识别与相互参考。数据字典内容涉及各类地理信息的定义及说明,用于数据管理、数据维护、数据共享、数据分发服务等。是地理信息数据集成、共享必不可少的重要标准。

数据字典与元数据有相似之处,但也有不同。元数据提供地理信息数据标识、内容、质量、状况及其他有关特征的描述,数据字典虽然也具有对信息的说明性,但其更侧重对信息的定义与诠释,二者各有侧重。在某些条件下,数据字典是元数据全集的一部分。

中国地理信息数据字典涉及的数据类型包括矢量数据、统计(属性)数据库数据、栅格数据、影像数据、文本数据、音频数据和视频数据等。依据数据的类型特征,数据字典包括的内容有所区别。

迄今,我国只对数据字典进行研究或根据项目需要制定临时标准,尚未立项制定国家标准。

六、数据交换

基于 XML 的编码规则,允许在一个应用模式中定义的地理信息采用一种独立于系统、适于进行传输与存储的数据结构,存储在数字媒体上或通过某种传输协议进行传输,在不同系统、不同应用间交换数据。这是实现地理信息互操作的基础之一。

七、术语

目前,我国尽管有若干国家级项目研究这一问题,但迄今地理信息名词仍存在比较严重的不统一现象。一方面外来术语无准确译法,例如Clearinghouse这一术语就有几种译法:地理空间信息交换网站、地理空间信息交换中心、地理空间信息交换网络等;另一方面,同一术语用在不同专业领域语义不同。为了规范和统一地理信息共享中涉及的地理信息基本名词术语,需要在广泛收集术语资料的基础上,编纂《地理信息基本名词术语》。

八、一致性测试

一致性和测试提供进行测试的组织、概念、方法和达到与ISO19100标准系列一致性的判断标准。它基于ISO 9646-1,ISO 10303-31 and ISO 10641等国际标准。为了与所选地理信息标准一致,测试方法和判断标准的标准化允许地理信息系统和软件开发者检验与那些标准的一致性。一致性对于地理信息用户实现在不同地理信息系统软件之间转换和共享数据是很重要的。定义了两种一致性测试:基本测试和全部性能测试。

九、标准体系表和标准参考模型

标准体系是一定范围内的标准按其内在联系形成的科学有机整体。现代高技术的发展特征,其高度的集成性、产业关联性与渗透性决定了高技术相关标准的系统性,在现代标准化发展中系统性是它的最突出特点。研究和制定标准体系表,有利于在宏观上指导和控制本领域的标准化建设,以便统一规划、统一组织,在层次和内容上分清标准制定的轻重缓急。

标准参考模型定义标准的构架和相互关系。参考模型提出各项地理信息标准制定的理论依据,是地理信息标准体系的一个总体性描述;参考模型研究确定组成地理信息标准体系的各个部分,说明各部分之间的相互关系与耦合方式,规范和约定与地理信息标准相关的概念、界限、模式,以及研究或选择用来阐述这些概念、模式的表达方式。

地理信息标准体系表和标准参考模型确定地理信息共享所需要的有关标准和确定它们之间如何组合,它使地理信息共享标准系列的不同部分相互联系。我国应在跟踪研究国内外地理信息系统及其标准化领域最新发展动向、分析现有地理信息国家标准和相关国际标准的基础上,研究并提出适合中国实际情况与应用需求的地理信息标准体系表与参考模型。

十、地理空间信息共享专用标准集

目前的地理信息国际标准或国家标准多为基础性通用标准,适用于各种地理信息系统或数据库。在这类标准的实施中,需要针对某一个具体系统或数据库的目标和特征,从基础性标准中提取部分或全部内容,并进行必要的扩展,形成专用的技术标准。同样,为了实现我国地理信息共享,应在现有国家标准的基础上,根据共享的特性形成一套基于通用基础性国家标准的、能满足地理信息共享需求的专用标准,方便使用。

我国国家空间数据基础设施建设中地理信息标准化工作,应当重视理论研究,加强宏观协调,改革标准制定传统模式,更积极地参与国际地理信息标准的研究和制定,吸取国际先进经验,加快与国际标准接轨。此外,地理信息标准化不仅要考虑技术问题,而且还必须考虑体制、经济和执行问题。标准的制定不是目的,目的是依据标准规定的技术行为准则产生经济和社会效益,因此,在制定出高质量的标准后,还要有强有力的指导、监督和执行机制,推动标准的实施。

基于空间信息的城市规划建设信息标准化体系建设

中国城市规划设计研究院　陈燕申　李克鲁

一、城市信息标准化体系建设的目的意义

城市规划、建设、管理与服务实践离不开海量的城市自然与社会、经济、人文和管理信息的支持。信息及其标准规范无疑是城市规划、建设、管理与服务的核心和基础。如何从行业管理和技术政策上对城市各种信息进行必要的规范，同时提供相应的技术手段高质量、高效率地获取和更新这些信息将是必须解决的重要课题。

城市规划、建设、管理和服务所涉及的信息量非常庞杂。总体上，我们可以将城市规划建设信息分为二大类：一类是空间信息；另一类为非空间信息，非空间信息又由社会—经济—人文统计信息和文档信息组成。城市规划、建设与管理的空间信息包括城市测绘信息、城市规划信息、城市建设信息等，它们具有一系列的特殊性，最主要的是比例尺大，分辨率高，内容丰富，信息变化速度快，生产与更新的周期长、费用高。而非空间信息来源广泛，种类繁多，形式各异。部分社会—经济—人文信息实际上也是空间信息的属性信息。

规范化的信息体系是实现统一管理、信息交换和资源共享的前提，为了保证城市规划、建设、管理和服务的顺利实施，对大量的城市信息进行系统、全面的分类研究，并且对每一类信息进行科学、合理的组织，从而形成一套完善的城市建设信息标准框架体系将是十分必要的。只有这样，才能实现信息的高效传输和交换，更快、更方便地提取所需的信息，减少信息更新和维护的费用。通过信息体系，在信息的挖掘和重组上进行深层次的开发，还能够拓展实际应用范围，为社会大众和决策者提供更有益的信息支持。

由于信息量大，覆盖面广，因此必须从行业管理和技术政策上对信息进行必要的规范。信息标准规范的主要包括：信息框架标准、信息产品标准、信息库设计规程、信息交换接口标准、信息质量标准、信息安全标准以及信息采集与更新作业标准。科学的信息标准是实现全国范围、城市内部各部门之间以及城市各组成要素之间信息共享的基础，对于保证信息的整体性、协调性和信息流的畅通性，充分发挥信息的整体和集成效应意义重大。

我国正迈向一个数字化时代，每时每刻都有大量的信息产生和更新。只有建立统一的信息规范，才能有效的利用信息，减少信息的重复，减轻信息采集和更新的负担。在统一的信息基础上，才能最大限度地发掘信息的利用价值。

城市规划、建设、管理和服务涉及大量的类型各异的信息。各种类型和来源的信息格式差异很大，如果简单地制定统一的信息格式标准，将无法解决信息多元化问题。因此，必须针对各行业的特性和共性，构建一个完整的、系列化的信息标准。它的适用性既要兼顾到各部门自身的特点，又考虑到全建设行业管理信息的最终整合处理，以及今后同行业的发展和变化以及社会进步而带来的信息结构的变化，以期达到能满足全行业需求。

城市建设信息标准化制定还具有如下实际意义：

1．通过制定城市规划建设信息标准体系框架，可以全面了解作为组成数字城市的信息构成，明确城市信息化建设的方向，为进一步确定数字城市建设的重点和目标奠定基础。

2．指导信息规范和有关标准的编制。信息规范研究的任务是提出信息体系框架，并以此框架为主要对象，开展信息规范的编制。

3．通过规范研究，系统地了解国际、国内相关标准，为采用国际标准和国外先进标准规范提供准确、全面的信息。通过对这一领域范围内的国际、国外标准规范的研究分析，了解国内外目前标准规范研制状况及其内容、特点、水平和发展趋势，制定适合我国国情和技术水平先进的标准规范体系。

4．信息标准规范研究将从全局到局部细节全程指导城市规划信息化建设。信息标准规范应贯穿于整个城市信息化建设，成为城市信息化建设的准绳。

5．正确的决策、有效的监督和科学的管理都要求我们建立一个高效的支持系统，建立一套能够随时了解城市规划、建设、管理与服务水平的信息系统。而所有这一切的前提，必须是以信息的标准化作为保证，从而在各个不同层面上和不同环境下都能够进行正确的信息交换，实现信息共享。

6．信息标准规范将对数字城市中的信息源的信息产生、信息采集和生产方法进行规范和约束，以保证在城市建设信息化的过程中，所有的信息源都能产出合格的信息，也就是产出标准化的信息。

综上所述，城市信息标准化建设不仅是城市信息建设中的一项重要的基础性工作，而且应该是"标准先行"的前瞻性工作，必须优先进行。

二、国内外发展现状及趋势

INTERNET 的应用正在世界范围内迅速普及，数字地球、数字国家和数字城市概念的提出将使我们置身于更加开放、自由和便利的生存空间中。信息化的浪潮冲击着每一个国家和地区。现代的计算机技术、网络技术和通信技术正越来越多地应用在人们生活的各个方面。一个数字化的现代化的城市环境正逐步成为现实，席卷全球的数字化、智能化时代正在来临。随着"数字地球"概念的提出，城市信息的标准化、规范化以及高质量的信息采集和更新问题日益迫切。到目前为止，在有关数字地球和数字城市的标准化方面还没有形成明确的概念，这也正是本项目所要研究的内容。因此，城市建设信息标准化工作的核心应该围绕数字城市建设来展开。

自 1960 年以来，信息系统标准化问题日益受到国际社会的高度重视。美国在 20 世纪 60 年代制定了联邦信息处理标准（FIPS），其中首先制定了地理编码标准，此后在标准方面开展了一系列的工作。1994 年美国总统签署了"地理信息采集和使用的协调——国家空间信息基础设施"的行政命令，标准化工作目前主要侧重于信息的标准化。加拿大早在 1978 年就开始研究制定数字制图信息交换标准。法国在 20 世纪 90 年代初向欧洲标准化委员会（CEN）提出了"地理信息范围内标准化"的建议，并获批准。国际标准化组织（ISO）于 1994 年 3 月成立了地理信息/地球信息技术委员会（ISO/TC 211）。委员会下设 5 个工作组，其中 WG5 为专用标准工作组。我国是这个委员会的正式成员。

我国从 20 世纪 80 年代开始开展地理信息系统的研究和应用，1984 年提出了"资源与环境信息系统国家规范研究报告"。"七五"计划期间，在统一地理坐标系统、统一分类体系、统一编码体系、统一信息记录格式等方面提出了30个国家标准和建议（中科院、国家测绘局和国家标准局共同主持）。20世纪90年代我国在GIS相关领域颁布了部分信息标准，如：《城市用地分类与规划建设用地》（中国城市规划设计研究院）、《城市用地分类与代码》（国家测绘局）、《城市地理要素—城市道路、道路交叉口、街坊、市政工程管线编码结构规则》（北京市城市规划院）等国家标准。1998年完成并出版了国家八五课题《城市地理信息系统标准化指南》。这些不同侧重点的标准化工作为城市规划建设信息化建设奠定了良好的基础。

但是应该看到，我国在城市信息规范与标准的研究方面与国际水平和国内需求之间依然存在很大的差距。《城市地理信息系统标准化指南》研究所列GIS领域的相关标准有200余项，而其中只完成了约30%，主要是通用标准。在以信息为核心的53项专用标准中仅完成了3项，可谓差距巨大。经过最近十多年的实践，目前加快城市空间信息标准研究与制定的条件已经成熟，为了确保城市数字化工程的健康实施，本课题应加大投入力度，开展更多标准研究制定工作。

信息编码技术和信息库技术的发展为实现信息的安全、交换和共享提供了前提，制定并实现规范的信息体系完全可能。目前有很多种成功的信息库技术，比如Oracle、Sybase、Informix、SQL Server等。信息仓库的概念为大型的信息库开发提供了便利，有望在不远的将来能够得到成功的应用。各种信息库不同，它们提供的兼容性也存在很大的差别，所以规范不同信息库相互间的接口，制定出一套相应的标准。就目前的技术而言，完全具备这种能力。

目前在国内外数字测图技术和数字空间信息获取技术正在得到广泛应用。在未来一段时间，基于微机数字摄影测量工作站、航空、航天和GPS（全球定位系统）的高新技术，以及基于全站仪、多种传感器和GPS的数字地面测绘技术将在城市空间基础信息的生产和更新中发挥十分重要的作用。

城市大比例尺空间基础信息的表现形式将多样化，数字线划图（DLG）、数字正射影像图（DOM/DOQ）和数字高程模型（DEM）的组合与集成将是一大趋势。可以预见，虽然DLG在较长一段时间内将继续成为主要形式，但以DOM/DOQ为背景、叠加某些重要矢量信息的混合式信息将很快得到推广和应用，并成为DLG的重要补充甚至某些情况下的替代品。一些大中城市将建立起高精度、高分辨率的反映城市地面起伏特征的DEM。同时，以DOM、DEM和数字建筑物模型为支撑的反映城市3维空间特征的"3维数字城市景观模型（3D City Model）"将成为未来城市空间基础信息的一种新形式。

总之，城市建设信息标准标准化工作应在充分吸收国内外成功经验的基础上，立足于集成和创新，真正体现先进性、系统性、实用性和可操作性的结合。

三、城市规划建设信息标准体系框架内容

在充分吸收国家、行业和地方标准、规范与规程的基础上，结合城市规划、建设与管理行业的需求分析，制定若干为城市信息化建设服务的系列信息标准规范，形成一套完整实用的城市规划建设信息标准化体系框架。确保城市信息标准化建设的整体性、协调性和信息流的畅通性。具体包括：一套科学、系统的城市信息化建设标准体系；城市规划建设的空间信息分类标准在内的若干基础性标准；一套信息接口标准体系，以保证信息的转换和连接；制

定信息的安全性体系规范；一套具有权威性的信息更新规范,以保证信息的全面、有效。

城市规划建设信息标准体系框架内容如图1。

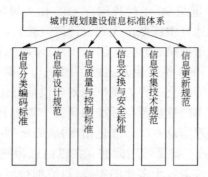

图1 城市规划建设信息标准体系

1．城市规划建设信息标准体系的建设原则

(1) 可操作性(实用性)

城市规划建设信息标准体系的必须保证其所涵盖的标准编制不存在冲突。

(2) 先进性

城市规划建设信息标准体系应充分反映城市规划建设新的需求及高新技术在城市规划建设中的应用。

(3) 统一性

城市规划建设信息标准体系中各标准使用的术语、信息表示内容方法应保持一致。

(4) 兼容性

城市规划建设信息标准体系中的标准与现行的相关标准兼容,以确保新技术与目前技术的衔接。

(5) 可扩展性

为适应技术发展的趋势,城市规划建设信息标准体系可以确保规范中加入新技术标准而不必对体系作重大结构改动。

2．城市规划建设信息分类编码标准

城市规划建设信息分类编码标准化是信息交换的前提,是城市规划建设信息系统建设的基础和运行的保证,其研究开发水平和推广应用程度决定了城市规划建设信息业务应用系统的功能和质量,也影响着其社会和经济效益。这是一项艰巨而复杂的工作,是城市规划建设信息化的信息保障系统。随着INTERNET的普及应用,城市规划、建设、管理与服务工作模式也正在改变。在美国,电子商务已经较普及的应用到城市规划、建设、管理与服务工作中,并节约相关成本15%以上。在我国,随着城市现代化步伐的加快,电子商务必将成为城市现代化管理的重要载体,同时,也是向社会提供优质服务的不可缺少的工具,对其进行规范化和标准化是非常重要的。

城市规划建设信息分类编码内容包括：

(1) 信息分类编码标准化总则

A. 城市规划建设信息分类编码的原则和方法；

B. 城市规划建设信息代码的设计与表达；

C. 城市规划建设信息分类编码标准的维护管理。

(2) 业务信息分类与编码方案

A. 城市规划信息分类与编码方案；

B. 城市建设信息分类与编码方案；

C. 工程建设与建筑业信息分类与编码方案；

D. 房地产信息分类与编码方案。

(3) 电子商务信息标准

A. 电子商务在城市规划、建设、管理与服务中的协同设计信息标准；

B. 电子商务条码符号标准；

C. 信息发布与检索规范化标准。

(4) 文件格式标准

A. 电子文档标准；

B. 公文格式标准；

C. 业务报表格式标准。

3. 信息库设计规范

信息库设计规范决定了城市规划建设信息化中业务应用系统的功能和质量，直接影响用户对系统的使用，以及本系统与其他应用技术的集成。

信息库设计规范包括

(1) 城市基础信息库设计规范；

(2) 城市规划信息库设计规范；

(3) 城市建设信息库设计规范。

4. 信息质量与质量控制标准

信息质量的好坏，直接影响着系统应用分析结果的可靠程度和系统应用目标的真正实现。

信息质量与质量控制标准内容包括：

(1) 信息质量分析研究

A. 信息源质量问题；

B. 信息库建立过程中的信息质量问题；

C. 信息分析过程中信息质量问题。

(2) 信息质量控制标准

A. 城市基础信息质量控制标准；

B. 城市规划信息质量控制标准；

C. 城市建设信息质量控制标准。

(3) 信息质量评价与元信息标准

A. 信息质量检验标准；

B. 信息质量标准；

C. 元信息标准。

5. 信息交换与信息安全标准

在城市规划建设信息霸主化中存在广泛的信息交换，统一的信息交换接口是整个系统对信息语义正确解释的保证。同样,信息安全对整个系统来讲也是重要的。它既要保证信息使用方便,又要保证信息安全可靠;它既要保证信息语义解读方便,又要保证信息传送快捷。

信息交换与信息安全标准的主要内容包括:
(1) 信息交换接口标准
　A. 基准信息标准;
　B. 信息语义解释方法及标准;
　C. 信息交换的实现约束(接口标准);
　D. 为支持信息交换的接口程序规范和标准。
(2) 信息安全标准
　A. 信息备份、恢复及使用授权标准;
　B. 信息加密、解密算法研规范;
　C. 信息管理和维护标准。

6. 信息采集技术规范

目前大比例尺(1:500～1:10000)空间信息现势性差,成图周期长,因此大比例尺城市空间信息的采集是城市信息采集关键和核心。"快、准、全"地获取空间信息是一个急需解决的课题,包括地面测绘、RS(遥感)、DPS(数字摄影测量系统)、GPS(全球定位系统)和 GIS 等在内的众多技术及其集成值得关注。本专题旨在对它们进行符合城市特点的研究、集成和开发,以形成一套完整实用的城市空间信息生产方案。同时,在当今数字测绘技术的推动下,还需要进一步研究城市大比例尺地图要素组成和表现方式如何更适合城市规划、建设、管理与服务要求的问题,使城市大比例尺空间信息在建立与更新技术、更新机制上都有新的突破。

信息采集技术规范的内容包括:
(1) 城市大比例尺空间基础信息标准
　A. 数字线划图(DLG)标准;
　B. 数字正射影像图(DOM/DOQ)标准;
　C. 数字高程模型(DEM)标准;
　D. 数字栅格图(DRG)标准。
(2) 城市大比例尺空间专题信息标准
　A. 基本专题图(用地图、建筑图等)标准;
　B. 导出专题图(居住、公共设施、道路交通、绿地等)标准;
　C. 衍生分析图(就业岗位分布、建筑质量、容积率、交通流密度、土地开发强度、土地权属等)标准。
(3) 信息采集的操作规程
　A. 城市空间基础信息采集的操作规程;
　B. 城市规划信息采集的操作规程;
　C. 城市建设信息采集的操作规程。

7. 城市数字化工程信息更新规范

信息更新是城市规划建设信息化正常运转的"信息供应中枢",是业务应用系统发挥社会经济效益的基本保障,而我国却恰好忽视了这方面的研究。

城市数字化工程信息更新规范内容包括:

(1) 信息的生产管理规范

　A．信息生产类型的市场规范；

　B．有关信息生产招标、投标、议标、评标、决标以及信息成果验收、接收的法规和规范。

(2) 信息更新周期规范

　A．不同类型信息的基本更新周期规范；

　B．信息更新的指引规范(这个规范要有信息在使用价值上等级划分标准)。

(3) 信息更新保障规范

　A．不同比例尺空间信息的更新保障规范；

　B．相关的更新保障规范。

四、城市规划建设信息标准化今后工作

根据城市规划建设的实际需求和新技术发展现状及发展趋势,为更好的适应我国加入WTO后新的形势,实现城市规划建设信息标准化与国际接轨,促进高新技术在城市规划建设中的应用,城市规划建设信息标准化今后应在以下几个方面开展工作：

1．积极开展高新技术标准的研究制订工作,特别是高分辨率卫星数据的信息获取与应用标准研究制订工作；

2．进一步统一城市规划建设信息的分类编码及信息的分类编码转换标准研究制订工作；

3．研究制订统一的数据存储和转换格式；

4．加强城市规划建设信息更新规范的研究制订。

关于建设行业应用软件通用标准的研究与探讨

中硕资讯开发有限公司　钟　炯　李　强

深圳市职业技术学院　龚小兰

一、软件、标准与思考

标准的重要性已有许多专家论述。像古人类在竞争中因没及时进化出自己的语言标准,无法互通信息,不能协同抗敌而被惨遭灭绝的史例也不胜其数。

而今又一次处于历史关键时刻的中国,究竟如何发展我们的民族产业、让围困在信息孤岛中的民族产业早日步入信息互通无阻的时代,得以良性发展,已成为我们迫在眉睫的使命。

通过多年的努力,建设行业涌现出许多应用软件。单是工程造价计算方面就有数十种之多。但究其现状却令人堪忧:由于历史的原因,开发理念、开发模式落后;软件属地色彩浓郁,一个地区一个专业,相应地开发一套软件;软件数据互不相通,纵向不能与上下工序分享,横向无法与友邻软件传递。这样不仅是社会资源的浪费,而且严重阻碍了我们民族产业的发展。

软件是企业参与竞争的工具。加入WTO,外商进入中国市场,中国的建设企业将直接面对真正的市场竞争,试想我们的软件工具经得起市场的考验吗?长期以来企业依附于政府,严格按照政府制定的计价办法和指导价格计算造价,根据政府规定的费率计算管理费,不敢有半点违背。企业根本不知道自身的盈利点在哪里!在这种抑制竞争的环境中开发的软件也就可想而知,是不会自觉迎合市场竞争需求的,也不可能发自内心地去寻求通用标准与同业分享市场。出胎于计划经济的软件产品,显然已不再适应今天市场经济及全球经济一体化的趋势。现在国外承建商都可以进入中国承建工程,而我们自己的企业却受地域藩篱的阻隔,每次参与跨地域竞标,都要先买当地软件,等学习、熟悉了才能参与投标,严重丧失了驰骋千里的竞争能力。

二、标准、公平与竞争

要以通用标准实现信息无障碍传递与共享,必须营造公平竞争的市场环境。在公平的市场竞争中,迫使开发商自觉自愿地参与通用标准的研究、制定与开发,从而使其义不容辞地遵守和执行这些标准。只有这样我们所制定的标准才能得到广泛的支持,才不会成为一纸空文,更无须为标准制定后的执行绞尽脑汁,设关设卡地检查。

在市场经济较发达的国家,标准的制定多数是企业自发、互相协商的结果,许多以协议的方式发布,大家踊跃与其兼容。

我们制定标准应树立为市场服务的原则,决不干预市场,更不因为标准而禁锢科技进步扼杀软件业发展。

作为软件开发者,都希望自己的软件成为大家公认的标准,我们也希望如此。其实,我们中硕公司开发的易标造价分析通用平台在标准化方面获得了巨大的进展,几乎是现成的标准。她涵盖了建设行业所有专业的造价分析,而且不受地域的限制。包括土建、安装、装修、市政、道桥、园林、房修、古建等。完全摒弃了软件属地色彩,改善了专业互不兼容的局面,使用户熟悉一套软件便可进行各种造价分析。这正是我们编制标准所期盼的理想之一,我们已经实现。所以,易标造价分析平台完全可以作为标准采用,让大家都统一到我们的平台上来!

但是,这样会有失公平!制定标准应公平、公正、公开,只有这样才能符合多数用户与开发者的利益,推动社会进步,使社会资源发挥最大的效能。

三、实践、研究与标准

我们多年致力于为建设行业开发最方便、实用的软件。为实现造价分析通用软件的广泛功能,在开发研究标准化方面付出了巨大的努力。我们的产品很新,所以没有历史包袱,可以用最先进的理念、最先进的技术,开发最适合现实发展需要的产品。

首先我们在界面设计上完全遵从用户,结合国际上已发展成熟、广为使用的界面语言,转化为我们的界面标准,使用户易于掌握。经过市场反馈,效果显著:用户在很短时间便掌握了软件的使用。

在造价分析中,各专业、各地区所依据的定额千差万别,要将其统一到一个通用的平台并不容易。开始许多客户不相信:这怎么可能？通过我们的演示、讲解,方才知道:易标、造价分析平台真的做到了涵盖多地区多专业的造价分析。

其实无论什么专业,造价分析都有其共性,我们将其共性集中到分析平台,将其个性化的分析依据与平台剥离。我们花费很多心血研究了许多定额,设计出平台与定额间的统一标准,研制了专门制作定额模块的软件,将所有定额统一制作成标准模块,使个性化的模块能在平台中顺畅运行。而且将所有定额模块提供给客户免费使用,提高了用户竞争的主动性与灵活性。

另外,我们统一了现有建设资源编码,为易标造价分析平台能实现通用的造价分析功能,建立了庞大的建设资源库,包括人工、材料、机具、设备、能源等,非常详尽具体。编码配合平台的运用具有很强的可扩展、可重编、可一材多编等灵活性。只要国家有关部门协调一下,全国统一编码一蹴而就。

我们统一编码的资源库含有数万种建材,大大满足了用户的需要。根据材料的实际含义我们将不同名称的同一材料进行了归并,使南辕北辙的材料名称标准统一,方便用户认知,使市场经济中讨价还价也有个共同的语言基础。

今天,网络协同工作已是必不可少的方式。在这方面我们做了许多研究,奠定了良好的基础。在造价分析工作中,会产生大量的用户数据,而这些数据成果许多是要留待日后再利用的。如何让这些带有个性化数据信息的文档在不同的用户平台间按一定的标准传递、借用,成为我们着重研究的课题。在此我们引入了"数据嫁接"的概念。很形象,像生物嫁接,用户在软件使用中,会产生许多可以重复利用的数据信息,而这些信息附着在文档中,当文档进入另一用户平台时,易标造价分析平台会通过检测,将信息以嫁接的方式植入,丰富其数据库,为其所用。这样通过文档的传递,用户电脑中可重复利用的"经验"信息越来越多,丰富的"经验"将有助于提高用户的竞争能力。

就软件本身我们解决了许多标准化的问题，但在软件之外，计算结果纵向与上下工序分享；横向与友邻软件传递的问题，由于涉及社会资源的调配，还需有关部门协调。

我们希望尽快制定一套标准的数据接口，让建设行业各工序所用的软件都可以产生一套标准格式的文档，使数据信息在纵横方向无障碍传递，让信息流动起来，让信息化工具发挥更大的功效。我们热切希望能为提高民族产业的竞争力，为国家的信息化建设做出贡献。

由于篇幅所限还有许多涉及我们软件自身以及与标准统一的研究，不在此赘述，若有兴趣，请联系我们共同探讨：eMail：isure@china.com

第二篇

企业信息化

引领设计单位信息化管理

——设计院工程设计管理信息系统

北京理正软件设计研究院　梁向春　郝　锋　富凤丽　雷婷蓉

一、设计单位现状反思

1. 现状

（1）工作了一年,年终发奖金时,对工程师拿不出一个量化的指标来考核,只能凭感觉;
（2）项目结束了,项目的设计成本怎么统计出来;
（3）对全院的人力资源不能进行指标评价。

2. 反思

如何适应异地设计、并行工程、计算机协同设计等新的现代设计技术？如何将设计院使用的各种优秀的CAD通用软件和专业设计软件（例如AutoCAD、ABD、PKPM等）与常用的大型网络数据库（例如Oracle、Sybase、Informix、SQL Server等）在网络环境下更好的集成起来？如何取得设计过程中的大量管理所需的信息？如何将设计过程？为了解决上述问题,唯一的出路是采用产品数据管理（PDM）技术。它是继CAD技术之后发展最快的技术之一。它起源于制造业,并迅速向工程设计等领域扩展,已广泛流行于欧美日等发达国家。

二、把握问题的关键

PDM的基本功能是将工程设计产品（图形文件、文本信息、控制信息）从设计到消亡的整个生命周期的数据,按照一定的数学模式加以定义、组织和管理,使产品数据在整个生命周期内能够保持一致、最新、共享和安全。为从真正意义上的甩图板、甩图纸,实现具有"团队"精神的并行设计模式提供一个最基本、最重要的工具。

我们可以把PDM基本设计思路大致理解为数据流在计算机网络中"千条江河归大海"的过程。这里有各支流的源头（数据采集）、大坝闸门（过程控制）、主干道（并行工作流导航机制）、泵站（打印输出）、水库和大海（大型数据库和其中的数据表）以及产生数据流的各种应用软件。抓住数据流的无缝链接,尽量减少专职人工的干预、在数据流的整个生命周期内实现程序化管理,是实现PDM的基本点。

在PDM的编程实践中我们认为要抓住四个关键问题（图1）：

1. 应用软件集成化

工程设计的数据主要是由各种应用软件生成,这些软件只有集成在PDM平台中才具备数据定位程序化的前提,集成的方式有两种：一是无缝集成;这需要和应用软件开发商合作,二是外挂集成;这一种方式比较现实。

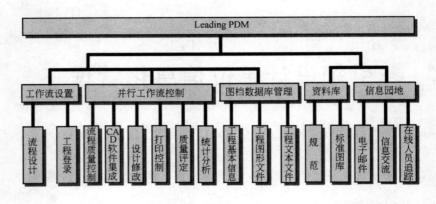

图 1

2. 数据定位程序化

一般的图档管理软件数据入库是人工方式，由设计者或专职人员将应用软件产生的数据文件定位到图档管理软件中，造成数据采集和数据管理的脱节现象，达不到无缝链接的要求，由于给基本用户增加了额外的负担，所以较难保证数据流的完整性和一致性，解决这一问题的途径是实现数据定位程序化(数据采集自动化)。

数据定位程序化实现方法之一，就是要突破"先有数据后定位"或由专职人员"整合"的传统模式反其道而行之，给用户提供一个友好的界面，先"诱导"用户在不自觉的状态下进入到相应的工作区，然后再调用应用软件生成图档文件，使用户不用考虑文件存放的物理地址。

3. 过程控制无缝化

因为过程控制是由软件完成的，虽然可以人为干预，但是干预的过程被忠实地记录了下来，干预只是"通过"或"不通过"的问题，不存在直接跳跃控制过程的问题。因此过程控制是无缝的。能很好地监控整个设计过程。

4. 打印输出权限化

打印作业集中在统一的出口，便于打印输出的控制和管理，节约成本。使得核算设计成本成为可能。

三、企业目标与效益

PDM 集项目实施管理、图形文件管理、文档资料管理、工作流程管理、控制信息管理、用户权限管理为一体，具有数据定位程序化、过程控制无缝化、打印输出权限化、图档管理自动化等特点，可将应用软件自由外挂集成于 PDM 平台之中，为企业提供一整套产品数据管理解决方案，真正发挥企业计算机网络潜力，保证产品数据的有序流动，减轻网络管理负担，提高产品设计质量，增强企业市场竞争力。

四、主要功能

1. 系统初始化

系统管理员对系统进行初始化设置，并可根据实际情况灵活调整系统设置，使其满足本单位的实际情况。

2. 工程信息登录

由指定人员对工程项目进行人员分工,专业划分阶段计划等工作,并可根据项目进展的情况及时进行调整。

3. 流程质量控制

由有关工程责任人控制设计流程开关,并提出相应的设计指导或设计修改意见,批注红线图等,使项目设计规范化,有序化。

4. 绘图设计修改

不同专业的设计人员,在系统中调用相应的 CAD 应用软件进行工程设计,并根据校审人员的批注和校审意见进行设计修改,可对动态库文件查询调用,对标准图库进行入库操作和调用。

5. 工程质量评定

依据有关质量评定文件,由项目有关责任人员对本专业质量进行评分,系统将自动评定各专业设计质量等级和项目质量等级。

6. 打印输出授权

由设计人员提出申请,有关责任人通过系统授权实现有效的控制图形打印输出。

7. 信息交换站

项目有关人员和高层管理者可以随时查询项目各过程的进展情况,查询任意阶段,任意过程,任意专业,任意设计人员的交互文档,图纸,校审意见等,并做出相关的数据统计。

8. 图档管理

对光栅图入库分类处理,对图形文件分类和一致性确定,监控工程的完成情况,将工程数据转移到静态数据库和存入光盘。

9. 标准图库管理

对国家和单位标准图进行入库操作。

10. 在网人员追踪

可以详细地反映进入 Leading PDM 成员的工作行踪。

11. 信息交流的工具

通过 Leading PDM 的 Mail 系统,电子公告,讨论区,短消息发送,项目成员可方便地与其他成员进行信息交流。

12. 统计分析工具

通过 Leading PDM 的统计分析工具,可以统计项目的工程量,单人的单位时间(月、年)的工作量,分析工程师的设计强度,合理调配人力资源。

五、Leading PDM 系统特色:

1. 数据定位程序化

一般的图档管理软件是先有文件,再由人工确定文件的存放地址,Leading PDM 是先由友好的界面引导到规定的地址,用户不必考虑当前的文件存放在哪里,实现了数据流的无缝链接。

2．任务流程管理

Leading PDM 使企业可简化或增加这些任务过程，图档只有规定了流程之后才可以用于生产和归档。通过上级给下级发送任务、规定任务对象、完成人和完成时间等实现任务管理，进度必须照指定的流程进行，图纸实施严格的版本管理，提高企业的管理水平和设计质量。

3．打印输出控制

Leading PDM 通过打印授权功能，有效地监控了用户对特定打印机的操作，为防止图档"短路"和数据流紊乱现象提供了一个不可多得的手段。

4．安全、可靠和强大

Leading PDM 的安全性建立在网络、操作系统、大型客户/服务器数据库系统和系统自身的安全控制下，通过权限管理实现人员权限划分和保密性的要求，安全、可靠。

5．方便企业进行二次开发

Leading PDM 管理的所有图档、文档和控制信息都记录在一个大型数据库中，为用户二次开发创造了良好条件。

6．实用的统计分析工具

Leading PDM 管理的所有图档、文档和控制信息都记录在一个大型数据库中，为用户统计项目的工程量，单人的工作量成为可能，管理者可以分析工程师的工作强度，合理调配人力资源。

六、设计院"管理信息系统"的思考

从图 2 可以看出，设计院管理信息系统以设计院办公自动化为龙头，围绕主营业务实现管理的信息化，不仅能提高生产业务这个主体的管理水平，而且将自然地实现成本核算和人力资源管理的信息化，这样设计院的整体管理水平势必将上一个台阶。

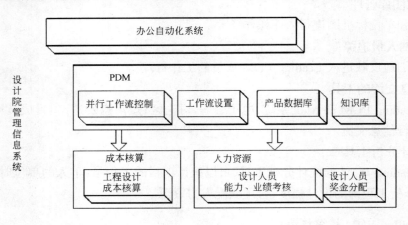

图 2

建筑设计企业信息化解决方案

中国建筑科学研究院计算中心 王 静

一、信息化存在的问题

自从设计中使用信息技术后,从设计人员深深体会到信息技术提高了设计质量和效率。而生产管理采用信息技术也是提高企业效益的概念正逐步被认识。由于长期形成的一些观念和存在的问题,企业在信息化中必须认识到存在的问题,而且要明确阶段性目标,这样才能逐步实现全面信息化。企业中较普遍存在的几个问题是:

1. 重技术,轻管理

虽然建筑设计市场放开已经多年,但在过去形成的计划经济下的管理模式还没有彻底改变,重技术、轻管理的思想还在建筑设计行业中较普遍。设计单位常常忙于把工程先揽下来,然后突击画图、交图纸。为鼓励技术人员技术素质的提高,从国家到地方都设立有各种奖项,奖励优秀设计作品和优秀工程。但在鼓励管理者方面却力度欠缺。再者,管理牵扯到的部门、人员是否统一认识,也是管理信息化的一个关键因素。

2. 重硬件,轻软件

没有计算机上不了信息化,企业都明白。企业舍得在硬件上投资,在软件的投入上却往往大打折扣。对设计人员只要能用计算机出图,保证工期就行,而可以不管其使用什么软件,由于设计软件的规范化,甚至使用的软件也由设计人员自己解决。面对管理也要信息化,就不能再沿用使用设计软件的办法,找个软件对付用。管理软件是为各企业量身定做的,企业必须与开发商有很好的沟通,才能解决自身的信息化问题。

3. 缺乏统一交换标准

由于设计企业选用的设计软件和管理软件不同,数据接口就不同。企业信息化缓慢的原因,主要是信息管理中的各种工作流程中使用的软件不统一,造成的数据、信息、资料等标准不统一,常常出现流程管理脱节现象,使各部门对管理信息化工作的真正意义缺乏正确认识。因此,建立设计各阶段的数据交换标准是信息化普及的一个瓶颈问题。

二、建筑设计企业信息管理系统—ABD-D

在国际和国内许多企业中,信息技术的使用能使企业提高管理水平、提高生产质量、提高工作效率这一点毫无疑问。建设部对勘察设计单位提出的《2000～2005年的计算机应用工作及信息化发展规划纲要》,一些设计单位把信息化提到议事日程上来了。勘察设计行业推行过全面质量控制(TQC),在勘察设计行业的规范化建设中发挥了积极作用;这几年又引进和推广ISO9001质量体系认证,对提高设计质量起到积极作用。利用信息技术把TQC和ISO质量体系结合起来,改变现行管理制度中由于人为因素所造成的不规范模式,逐步实现向管理要效益的信息管理目标,是设计单位的共识。

由于整个IT行业的不景气,国内一些IT业软件开发商纷纷转向建筑业的信息化开发,没有认真了解建筑业的业务流程和需求,只是一味把自己都没弄清楚的ERP(企业资源计划)概念强加到企业的信息化管理中,可想而知,开发的软件不实用,开发商的投入难以收回。国外的ERP产品多集中在金融、财务管理,ERP供应商都是SAP、Oracle等国际软件公司,ERP系统中蕴含了先进的管理思想,对业务过程的严格控制,满足不同层面的管理查询。目前,建筑设计企业的业务管理工作还在不断建立和探索中,管理软件的开发需要结合不断变化的管理模式,提出符合国情的开发指导思想,才能在信息化中被企业接受。

在为设计院提供CAD软件和服务十余年的时间里,我们对设计单位的业务流程和管理模式有所了解,基于ISO9001的要求,开发了"设计企业信息管理系统"——ABD_D。该系统包括档案管理系统、设计管理系统和办公自动化系统三个有内在联系又能独立运行的管理软件包。它们的功能涵盖了一个设计院各项主要管理工作,满足设计企业信息化应用的需求。ABD_D是符合中国设计院"院情"的系统。

下面介绍ABD_D系统的三个子系统的基本功能和特点。

1. 档案管理子系统

是电子档案管理子系统,具有查询快速方便、直接浏览电子原件、信息存储多样化、管理功能齐备、数据安全可靠等特点。其主要特点如下:

(1) 通用解决方案和广泛的适用性

正是由于具有充分的用户自定义功能,ABD_D才可以满足各行业各单位档案管理的要求。它适用于设计院和企、事业单位管理工程图档、文书档案及科技档案及各类数字化的资料,还可以作为管理信息系统(MIS)使用。

(2) 信息丰富的操作界面

查询界面信息丰富操作方便;多信息显示窗口,可显示当前档案的图形/图像的缩影、目录属性、相关档案、电子原件的名称及字段列表等信息;全新浏览器界面,可以同时看到原件名称,文件名称与文件内容,所采用的"专用矢量文件浏览器+OLE+用户指定外部浏览器相结合"的方式,是浏览各类磁盘文件万无一失的最佳解决方案。

(3) 查询方式多样化与快速的定位能力

查询利用树状档案分类和案卷快速定义查询范围,支持各分类所有字段的单条件及复合条件查询,支持精确与模糊查询。实际管理工作中档案的检索方式决不会仅有一种。该系统提供定义多种检索方式的功能,允许用户自定义的检索方式多达255种。

(4) 完善的输入输出功能

电子原件可以全部存入数据库,也可以以磁盘文件方式分布于网络上任意一台计算机的磁盘中(包括光盘、光盘库),还可以在用户的网页定义的地方。

(5) 围绕档案管理的收、发文功能

具有围绕档案数据信息的收发文管理功能。可以将所选择的档案连同原件分发给一个或多个用户,让用户在各自文件夹中浏览原件内容。

(6) 强大的统计功能与报表编制打印系统

统计管理能力强大,从历年归档/立卷量、图纸/文件量到个人借阅清单均可实时统计。先进的编程技术使扩增统计报表方便快捷。

(7) 实用的档案实物借阅管理系统

不但管理电子档案,还将档案的实物(原件)管理起来。

(8) 独立运行的、具有接口功能的归档管理系统

归档管理功能全面解决了电子档案归档工作技术性强,操作复杂的问题,大大减少了磁盘文件归档及检验的工作量。

(9) 可靠的安全机制与方便的授权管理

通过三套内部机制保障数据的安全信,它允许档案管理人员建立全面、可靠的安全机制。

2. 设计管理子系统

设计管理是设计院主要管理工作,是设计成果形成过程的管理。ABD-DM 将设计过程中相对共性的东西提炼出来,较现实的将其管理过程规范化,并融合了 ISO9001 的精髓,为设计人员和管理者提供了一个可操作的网络应用环境,是设计院设计管理网络化不可缺少的有效的辅助工具。其主要功能如下:

(1) 适用范围广泛

大型设计院适用,中小型设计院也适用。

(2) 提高设计效率的有效工具

通过数据资料共享减少重复工作量;通过减少数据资料出版印刷量,节省时间和资金。

(3) 提高设计质量,是 ISO9001 贯标的有效措施

丰富的自定义功能,灵活设定信息交换流程。通过设置,将本院 ISO9001 标准融入到系统中,自动执行,充分保留设计"痕迹"。图 1 是 ISO9001 文件管理界面。

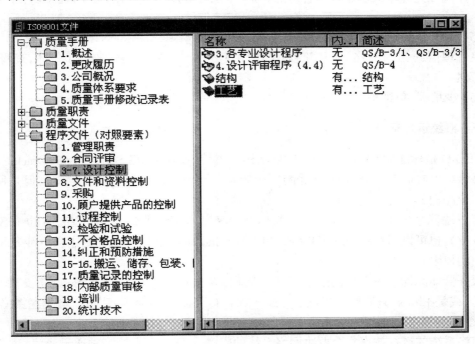

图 1　ISO9001 文件管理

(4) 项目管理从合同评审到工程数据复用功能齐备

合同评审;立项管理;项目的进度计划管理;费用控制管理;结合 ISO9001 的项目质量管理;配合项目人员使用的工程数据、资料库的管理。

(5) 项目统计信息丰富为生产和项目管理提供科学依据

各种项目统计信息及自定义统计报表如:项目组织机构表;设计文件目录/状态表;项目产能统计表;项目进度统计表;统计信息丰富。

(6) 设计成果、专业交换信息和管理信息全部入库,永久保存,自动归档

设计成果包括图纸和其他磁盘文件,全部可以存入数据库的相应字段,安全可靠,调用方便。设计信息永久保存。

3. 办公自动化管理子系统

该系统是功能全面的办公自动化系统,是管理信息与办公流程有机结合的办公自动化系统,它既是功能强大的 MIS(管理信息系统),又是工作流程的开发平台。其特点如下:

(1) 提供管理信息系统开发(定义)工具

管理信息的最大特点是它的多变性要求。管理人员可以使用系统提供的管理信息开发工具,开发适合自己不断变化要求。

(2) 信息多媒体化,数据可全部入库

能管理所需要的文字、表格、图形、图像和声音等多媒体信息。

(3) 提供通用报表制作工具

(4) 工作流程定义方便,功能强大,简便易学

工作流程允许定义多达 256 各节点,每个节点允许多岗位操作,每个岗位允许多人员审批。

(5) 信息高度集成,操作界面数据丰富

集管理信息、工作任务、工作流程、工作计划、公告、文件夹、电子邮件于一体,查阅方便,一目了然。

(6) 少培训、免维护

三、系统运行环境

ABD-D 是标准的 Client/Server 体系结构。支持 Sybase,MS SQL Server,Oracle 三种数据库平台,对应的客户端应用程序也有三个版本,分别对应不同的数据库系统,但是用户界面是完全相同的。

客户端程序要求运行在 MS Windows 95/98 操作系统平台上(不支持 16 位 MS Windows 3.X),也可以运行在 MS NT 系统和 MS Windows2000 平台上(要注意所涉及用户在系统中的权限)。

服务器端无论是 MS NT 还是 UNIX,是 MS Windows 98(MS SQL Server7 支持 Win98 Server),或是 Linux,只要能够提供 Sybase、MS SQLServer 等数据库服务,能建立数据库的 Client/Server 连接就可以。

网络系统的运行效率完全取决网络系统的带宽。ABD-D 支持多种通讯协议,建议使用 TCP/IP 协议。

该系统已在多家设计单位使用。ABD-D 较好地解决了成熟技术与先进技术的关系,以实用可靠为标准,尽量采用先进技术;较好地解决了灵活设置与专用化的关系,管理工作中

可能发生变化的地方,保证用户可以自行定义和修改,管理必须坚持的标准和科学方法则内置其中不容"改变"。

我们愿与信息化软件开发商和广大使用者一同探讨建筑行业信息化发展之路,为加快建筑业信息化步伐,提高企业竞争力共同努力。

过程管理与项目管理技术的实际应用

CA(中国)有限公司　王家欣

一、引言

本文介绍 CA Process Continuum。

计算机应用技术的飞速发展给人们的生活带来了深刻的变革,无处不在的通讯网络、丰富多样的金融服务,以及交通运输、工业制造、国防科技等各项事业的发展,无处不体现出计算机应用技术的重要地位。在计算机应用技术中,最为关键的是应用软件的开发技术,可以这样说,应用软件开发的能力与水平直接影响计算机应用的水平。

改革开放后的近 20 年的时间里,在全体从业人员的共同努力下,我们从无到有,从弱到强,培养了大批软件技术的高级人才,建立了大量的具有国际先进水平的成功应用,可以说取得了相当大的成绩。但是,在我们肯定成绩的同时,也应清醒地看到,我国软件产业及软件应用开发的现状,并不令人乐观。这种问题在各个方面都有体现,概括起来一句话,就是目前的中国软件产业,还不具备参与国际竞争的实力。当前,中国即将加入 WTO,而进入 WTO 对各个行业都意味着无限的机遇与巨大的挑战,竞争会前所未有地激烈,而作为高新技术代表的信息技术产业,必将在竞争中首当其冲,处于竞争的焦点。这就为我们的软件产业提出了一个课题——如何来抓住机遇,迎接挑战?

我国软件业与世界先进国家相比,差距是多方面的,其中起决定性的因素是软件工程化技术没有得到广泛的应用,软件生产还处在一种手工作坊式的生产水平,不能建立起社会化的大生产的生产模式。

我们知道,软件是复杂逻辑的高度聚合体,而今天的需求要求软件开发机构(指专业生产软件的机构及服务于特定单位软件开发组织)能够在尽可能短的时间内开发出大规模的、功能丰富的高质量的软件产品,这表明软件开发再不能是软件开发人员的个人行为,而是要求有一个强大的团队来从事软件产品的生产。团队的成员要明确地分工,由具备不同知识、不同技能的专门人才担负起软件产品生命周期中各阶段的各项工作。同时,开发软件产品的成本也十分昂贵。对于软件开发机构来讲,如何能够在要求的时间内,在合理的投资下,保质保量地交付软件产品,是一个巨大的挑战。无论是在软件水平最高的美国,还是在我国,软件开发项目超期、超预算,最终的软件产品的质量不能使最终用户满意等问题,都是困扰软件开发机构的重大问题。有"银弹"吗?

自从美国在 20 世纪 60 年代爆发软件危机以来,人们普遍认识到必须将工程管理技术引入到软件生产及维护中来,对软件的生产与维护活动实施行之有效的管理,是解决这一问题的有效途径。多年以来的时间也充分证明了这一看法的正确性。因此,软件工程技术成为了软件产品生产的一项最为重要的技术。软件工程技术从诞生到今天,经历了 30 多年的发展,产生了许多的分支学科,以支持项目中的各项活动,其中过程管理与项目管理,是软件工程技术中最高级、也是最重要的技术。本文的后续部分,将重点对过程与项目管理技术及其应用进行介绍。

二、软件产品的质量话题

软件产品的质量是软件行业中一个亘古不变的话题,我们今天所讨论的相关于软件工程技术的所有话题在根本上都是由这一话题所引发的。用户关心软件产品的质量,因为它将直接影响系统的使用,甚至影响到用户的关键性业务;软件开发机构关心它,因为它是获取用户满意度的关键。

在复杂软件产品的生产中,会涉及方方面面的人员,经历各个生产环节,产生大量的中间产品,各个环节都是会造成项目失败和产品质量问题的地方;同时,由于软件产品是逻辑体,不具备实体的可见性,因而难于度量,质量难于把握。长期以来,如何有效地管理软件产品的质量是一个重要的研究课题。对于产品的质量管理方式,归结起来可大体分为三种,事后检验、全面质量管理和权威认证:

1. 事后检验

事后检验的方式是在产品生产的最后环节进行质量检查,对合格的产品准许出厂,不合格的产品可以作为次品处理。这种质量管理方式对于制造批量大、制造成本较低的产品是一种较好的质量管理方式,但不能适应象软件这样的生产成本高昂、无批量可言的产品的质量管理的需要。

2. 全面质量管理

全面质量管理的基本理论是:一个产品从需求到最后的产品的出现,要经历很多道生产工序,在每道工序后都会有一些中间性的产品交付到下一道工序,如果对生产的每道工序都进行严格的质量控制,保证每道工序都不会将存在质量问题的产品交付到下一道工序去,那么就可以保证最终产品的质量。从这里我们不难看出,全面质量管理技术是一种适合软件产品质量管理要求的质量管理技术。

3. 权威认证

认证式的质量管理技术是在国际上普遍认可的一种质量管理技术,它具有国际的通用性和先进性,其代表性的应用就是 ISO9000 系列的质量标准。ISO9000 系列的质量标准,在制造业和服务行业应用较好,但在软件生产业的应用不是非常理想,特别是对软件生产行业开展内部质量管理工作的指导作用不大。

选择适当的质量管理方式,加强质量控制意识与控制手段,是提高软件开发机构软件生产能力的必经之路。国外同行(以美国最具代表性)近年来的实践已经证明了这样一种模式:"就是将全面质量管理的思想用于软件生产和维护工作的管理上面,有指导、有计划地逐步引入软件工程化技术,逐步提高软件生产能力"是一种有效的解决途径。在全面质量管理在软件业的实际应用中,最具代表性也最具影响力的要数由美国卡耐基梅隆大学软件工程研究院开发的软件过程成熟度模型(简称 SEI CMM)了,此模型一经出现,就在业界引起了轰动,有很多软件生产企业依据它的指导软件工程化工作,收到了明显效果。

对于软件开发机构来讲,客户的满意度是我们的生存和发展的根本,要取得良好的客户满意度,就必须有能力向用户提供高质量的产品,其根本出路就是赶快开展软件工程化,既将工程管理技术引入软件产品的生产过程,通过管理软件产品的生产过程来获取高质量的软件产品。这是软件开发机构生存和在激烈竞争中发展的内动力。软件工程化是一个长期的系统工程，不可凭一时的热情盲目地采用一些软件工程化的技术，结果只能是适得其反，所谓欲速则不达。根据业界的经验，依据 SEI CMM 的指导来进行软件工程化的工作，有计划、有明确目标、持之以恒地进行过程改进，是可以收到明显效果的。当前，国内也开始认识到并着手开展 SEI CMM 的推广工作。预计在今后的几年时间内，过程管理技术及其他软件工程化技术将成为国内软件行业关注的热点。

三、过程管理与项目管理

顾名思义，项目管理就是在一个实际的项目，在项目的前期制订合理的计划及在项目的进行过程中对项目的进展情况进行跟踪与监督的管理活动。对于项目管理，由于以往对管理技术的忽视，不少的软件开发机构和项目经理存在错误的理解，在具体项目中没有采用正确的管理技术，最为常见的一种我们称为"消防式"的项目管理，项目经理成了"消防员"，在项目的前期没有根据实际情况制订合理的项目计划，在项目进行的过程中"摸着石头过河"，遇到了风险就开始抢险，在整个项目的进行过程中团队始终处在一种高风险的状态下，往往不能收到满意的效果，在大型的复杂的项目中，失败的几率非常高。项目管理的核心任务是制订切合实际的项目计划并确保项目按计划进行。在一个项目开始前，需要对项目的需求进行详细的分析，根据项目的实际规模制订合理的项目计划，计划的内容包括进度安排、资源调配、经费使用等，为了降低风险，要进行必要的风险分析与制订风险管理计划。在项目实际进行的过程中，要不断跟踪与监督，当发现与计划不付的时候要进行适当的及时的调整，确保项目按期、按预算、保质量地完成。项目成功与否的关键是能不能成功地实施项目管理。

那么，什么是过程管理呢？要理解过程管理，首先要清楚什么是过程。过程可以理解为我们做事情的一个计划。例如，我们洗衣服时要先将衣服放入洗衣机内，然后在加入水，再加入洗涤剂。这样做的原因很简单，因为我们要根据要洗涤的衣服的量来决定用水的量，再根据水量来决定洗涤剂的用量。这是我们生活中一个非常小的例子，但从中我们可以体会出过程的含义。

软件过程是极其复杂的过程。我们知道，软件是由需求驱动的，有了用户应用的实际需求才会引发开发一个软件产品。软件产品从需求的出现直到最终的产品出现，要经历一个复杂的开发过程，软件产品在使用时要根据需求的变化进行不断的修改，这称为软件维护。我们把用于从事软件开发及维护的全部技术、方法、活动、工具，以及他们之间的相互变换统称为软件过程。由此可见，软件过程的外延非常之大，包含的内容非常之多。对于一个软件开发机构来说，做过一个软件项目，无论成功与否，都能够或多或少地从中总结出一些经验。做过的项目越多，其经验越丰富，特别是一个成功的开发项目是很值得总结的，从中可以总结出一些做事的上佳过程，我们称之为最佳实践(Best Practices)。最佳实践是存放在成功者的头脑中的，很难被在机构内部共享和重复利用，发挥其应有的效能。长期以来，这些本应从属于机构的巨大的财富被人们所忽视，这无形中给机构带来了巨大的损失，当人员流动时这种企业的财富也随之流失，并且也使这种财富无法被其他的项目再利用。过程管理，就是对最佳实践进行有效的积累，形成可重复的过程，使我们的最佳实践可以在机构内部共享。过程管理的主要内容包括过程定义与过程改进。过程定义是对最佳实践加以总结，以形成一套稳定的可重复的软件过程。过程改进是根据实践中对过程的使用情况,对过程中有偏差或不够切合实际需要的地方进行优化的活动。通过实施过程管理,软件开发机构可以逐步提高其软件过程能力,从根本上提高软件生产能力。

四、过程与项目管理

项目管理是确保软件项目按时、按预算、保质量完成的关键活动,它主要包括项目计划的制订和对项目按计划执行的情况的跟踪与动态调整。计划的合理性是保证项目按计划执行的重要因素。一般来讲,经验丰富的项目经理可以根据项目的实际需求和允许的工期等情况,合理地安排项目活动、资源配备和项目进度等,并对在项目进行过程中可能遇到的风险准确预见,并充分准备风险防范措施,制订完备的项目计划,这样在项目进展的过程中,就容易确保项目按计划顺利进行。之所以可以做到这样,是因为在它的头脑中积淀了很多的最佳实践,使得他可以复用过去的成功经验。过程是最佳实践的归纳与总结,稳定的过程可以作为制订项目计划的模板,依据过程来管理项目正是过程的实际应用价值之所在。

在项目进行的过程中,项目经理要不断保持对项目实际进展状况的动态跟踪,当出现与计划不一致的情况时,要根据实际情况合理地调整计划安排,以确保最终的成功。当项目计划出现变更时,要分析其诱发因素,并记录相关数据,利用这些数据来改进软件过程。

由此可见,过程管理与项目管理是相互作用的。过程是项目计划的依据,项目执行所产生的数据又作为过程改进的依据。

五、项目管理中的沟通问题

在项目中沟通一直是一个比较大的困难,沟通主要为了解决下列问题:

1. 让项目团队中的每个成员都能够准确地了解我们执行项目的具体方法;
2. 让项目团队的每个成员都能够清楚地知道项目的整体计划以及每个成员在项目中所承担的具体任务;
3. 让项目组的每个成员提供其要完成所分配的工作所需的必要的帮助;
4. 项目经理能够清晰、准确、及时地掌握项目的进展情况及每个人所承担工作的完成情况;
5. 项目计划的必要变更可以及时地让项目团队的所有成员了解;
6. 项目的实际执行数据可以被准确地收集并统计汇总以作为决策的参考。

项目管理中,目前比较缺乏的就是规范的、准确的、高效的沟通,这极大地影响了项目经理对项目的管理能力,因此,建立起有效的沟通机制是项目管理技术应用的一个必要的前提。

六、利用 CA Process Continuum 和 ADvisor 搭建管理环境

古人云:"工欲善其事,必先利其器!"优秀的工具可以起到事半功倍的良好效果。进行过程管理和项目管理也不例外,有合适的工具作为支撑,可以提高效率、节省投资,使工作高效、顺畅地进行。

CA Process Continuum 是由世界领先的商用软件提供商 CA 公司提供的一套专门支持工程管理和项目管理的工具集,它提供丰富的工具,适应从事过程管理和项目管理工作的全

部需要,下面将从其原理和应用上进行详细介绍。

CA Process Continuum 的核心部分由以下三部分组成:

1. Process Library,用于存储全部过程的中央存储库;
2. Process Engineer,用于定义过程和改进过程的工具;
3. Project Engineer,用于制订项目计划及跟踪项目的工具。

CA Process Continuum 是如何工作呢?

在 Process Library 中,既可以存放软件开发机构根据自己多年积累定义的软件过程,同时也可以存放由 CA 或第三方专业厂商提供的已经商业化的软件过程。这些软件过程都可以通过 Process Engineer 进行定义或改进。所有软件过程在过程库中都以模板的形式存在,过程管理员可以通过简单的定制模板的工作来完成过程定义,定义与修改都极为方便。当项目任务到来时,项目经理可以根据项目具体的需求特点,通过 Project Engineer 从 Process Library 中选择适合的过程模板应用于这个项目,过程模板一经指定,Project Engineer 会根据过程模板中的定义自动地生成详细的项目计划,项目经理只需在此基础上进行简单的资源分配、成本和时间的估算、时间安排等,就可以完成一个项目计划的制定工作。在此之后项目经理可以让 Project Engineer 为其生成项目进度表(Schedule),可以生成我们常用的进度制订工具(如:Microsoft Project 98)的格式,整个项目组的每个成员就可以依据进度及工作安排各自干各自的工作了。

通过 CA 的 ADvisor,可以为机构建立起一个基于 Web 的工作环境,通过这个环境,项目经理可以了解所管理的各个项目的动态进展情况,汇总统计相关于项目进展情况和项目成员工作情况的相关信息,并可以将信息利用 Project Engineer 进行评估,作为对项目的后续工作进行调整的依据。

在 ADvisor 所建立的环境中,每个项目的成员都可以去访问 Team member Website。从这个站点上可以获取自己被分配到的工作的列表和相关的时间表,并可以获取相关于每项工作的帮助信息,还可以填写每项工作的具体完成时间。这就形成了一个项目团队成员与管理者之间的规范的沟通环境。对于项目经理来讲,这可以为项目经理提供对项目的极大的可视化能力,可以有效地提高团队全部成员的劳动效率。

此外,可以通过 Process Engineer 来生成相关于每个过程的过程指南,并将过程指南连接到环境中以构成在线培训环境,每个人可以在空余时间内进行在线的自学习,这对提高团队的规范化能力非常有帮助。

在项目进行的过程中,如遇到与计划不符的情况,项目经理可以及时调整项目计划,并利用 Project Engineer 与 Scheduler 的同步功能取得项目的实际执行数据,这些数据可以作为过程管理员改进过程的实际依据。其工作中的信息流动如图1所示。

我们可以看到,PPC 可以支持我们

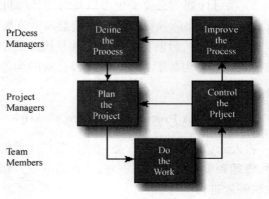

图1　PPC 信息流动示意图

将最佳实践转化为过程存储起来,我们可以方便地将过程(也就是以往的最佳实践)应用在新项目中,在项目进行中还可以搜集很多数据以支持对过程的改进。由此可见,CA Process Continuum 可以帮助用户达到很高的过程能力成熟度(如不清楚其定义,可以参阅 SEI 的 SW-CMM 文档),同时又可以容易地将过程管理的成果应用于实际生产,是我们进行过程改进和软件生产的理想帮手。

同时,值得关注的是 Process Library。对于刚刚开始尝试从事过程定义与过程改进工作的人来讲,商业化的过程库具有很高的学习与参考价值,虽然它们不一定能被直接应用于我们的实际工作,但通过对他们的参考可以学习到很多我们不具备的知识,共享业界的最佳实践(Industry's Best Practice),对我们快速适应这一工作的需要有极大的促进作用。

由于篇幅所限在此不做详细介绍。2001 年 11 月,CA 将其全面的应用软件生命周期管理解决方案,包括业界领先的建模、变化和配置管理解决方案纳入推出的新品牌—— AllFusion。准备寻找相关于 CMM 实施的辅助工具请登录 ca.com 或 cai.com.cn 或 010-65611136 以获取相关资料。

CA 有限公司(Computer Associates International,Inc.;NYSE:CA)为企业提供驾驭电子商务的软件。CA 通过以下世界领先的解决方案品牌满足电子商务管理的各方面需求:Unicenter 基础架构管理、BrightStor 存储管理、eTrust 安全管理、CleverPath 门户与商务智能、AllFusion 应用生命周期管理、Advantage 数据管理和应用开发和 Jasmine 面向对象的数据库技术。CA 公司创建于 1976 年,为全球 100 多个国家的企业提供服务,财富 500 强中有 99% 的企业都是 CA 的客户。

七、结束语

在我国,多年来业界同仁的共同努力使我们取得了可喜的进步,但由于长期以来对管理的忽视制约了我们的进一步发展,借鉴发达国家的先进经验,取人之长,补己之短,是我们发展的必然出路!SEI CMM 在发达国家的成功应用已经为我们揭示了一条成功发展的途径。CMM 的成功实施不是一项简单的工作,CA 的 Process Continuum(PPC)是我们完成这项工作的理想帮手,它可以将过程管理工作和项目管理工作有机地结合起来,使我们达到事半功倍的效果。

建设企业管理信息化的应用

豪力海文科技发展有限公司　任允茂

一、建设企业信息化的现状

从20世纪80年代中开始,信息科技开始进入我国建设企业。在此期间我国建筑企业、软件开发商、硬件提供商为建筑企业的信息化建设进行了不懈的努力。到现在为止,信息科技已涉及建筑企业的招投标、运营结算、企业信息管理、企业办公等领域。有的建筑企业自行开发了一些软件,但这些软件的功能有限,适用面窄,影响不大。各软件开发商相继开发出了一系列的工具软件如:预决算软件、钢筋翻样软件、工程量计算软件、网络计划软件、施工平面图软件、计量支付软件、合同管理软件、质量管理软件等等,这些工具软件大大提高了企业某方面工作的工作效率,但对于整个企业来说,这些软件所起的作用还不是很大,因为这些软件没有为整个企业的运作构建一个可行的信息化平台,更没有解决企业的中心问题:项目管理信息化。

近一段时间以来,在建筑企业的企业信息化、项目信息化方面取得了很大的成绩:如豪力海文公司的"施工项目集成管理系统——CPIMS",它的目标是实现整个建筑施工项目的集成化信息化管理;豪力海文公司的"企业管理系统——eFIDIC平台",它的主要目的是为整个企业实现信息化管理提供工具;豪力海文公司的"建筑行业信息化管理解决方案——ECS",为建设行业政府管理部门如建设部、建设厅和施工单位之间建立了信息化工程管理的高速路。

二、建设企业信息化软件标准应包含的部分

要制定建设企业信息化建设的软件标准,首先必须对这些企业的实际工作要有详细的了解。一般地,建设企业的工作按性质可分为:企业机关办公和业务工作两部分。在企业机关办公中主要涉及两部分的内容:日常公文审批及报表统计(财务软件基本成熟,此处不与讨论);而业务工作按过程可分为以下几个阶段:

1. 立项阶段:此阶段一般为业主或政府职能部门主要负责,主要有项目的可行性进行论证;

2. 勘测设计阶段:此阶段一般为设计院主要负责,主要是对具体的项目进行蓝图设计。涉及的软件主要有GIS系统、CAD系统等等;

3. 招投标阶段:此阶段为业主与可能的施工单位共同参与,主要是确定施工单位涉及的软件主要有工程量计算软件、预算软件、网络计划软件、施工平面图软件、招投标软件等等;

4. 施工阶段:此阶段完成实际的施工建设,将设计图变为现实,可能涉及的软件有现场监控软件、质量管理、合同管理、进度管理、资金管理、劳资管理、设备材料管理等等;

5．项目验收阶段：此阶段可能涉及的软件有质量评定软件、竣工资料管理软件等等；

6．保养回放阶段：此阶段可能涉及的软件有养护软件、销售软件等等。

从以上总结可以看出，建设企业信息化建设的软件方面的内容可分为两大类：办公自动化软件和各种业务软件。我们的标准应针对这两方面的内容分别进行。具体地说，标准至少应包含以下几部分：

1．确定日常办公软件的功能标准：它至少应含有公文流转功能用来完成日常公文审批等有特定流程的办公业务，含有报表功能以完成业务报表的日常统计工作，要能允许用户自定义报表以完成一些临时性的统计工作。

2．行业的各种信息的分类编码原则，要确定一种原则对企业各种各样的信息进行分类编码。

3．确定行业各种信息的存储规范。这一点尤其重要，要对各种信息进行细划分类，规定其存储格式，以使信息可在各种业务软件之间可以共享。

4．确定整个行业信息化的软件框架体系，进而确定各软件系统之间的数据接口规范、功能接口规范，使它们可以在整个规范之下互通互联，形成一个有机的整体。

三、建设企业信息化的根本内容——项目信息化

项目是建设企业的成本中心、利润中心，只有把项目管理抓好了，企业才能真正体现出效益。而项目管理信息化又是最难的，因为其一各企业对项目的管理千差万别，其二项目的硬件条件不具备，其三项目上专业软件缺乏。但是，项目管理信息化是整个企业信息中真正能直接产生效益的部分，只能项目管理信息化做好了，企业的信息化才能有数据基础，才不会流于形式，才不会是空中楼阁。由于各企业对项目的管理不尽相同，我们只能对项目上的数据信息进行细划分类，在此基础上加以适当的技术手段来加以一定的灵活度以求达到最大的通用性。一般说来，项目的信息可分为如下几类：

1．劳资信息：主要是各种人员的基本信息；

2．合同预算信息：主要是各类合同，包括分包合同、变更；

3．材料设备信息：主要是生产所用的各种材料、设备、周转材料等；

4．安全信息：主要是安全培训、事故记录等；

5．施工信息：主要是施工任务单、施工日记等；

6．质检信息：主要是各种质检记录；

7．进度计划信息：主要是各种计划信息、实际进度情况记录等；

8．技术信息：主要是各种施工工法、各种先进工艺使用记录等；

9．成本信息：主要是各种成本统计与分析数据；

10．资金信息：主要是各种资金计划信息、资金到位信息等等。

将以上十类信息管理好了基本上一个项目的信息就比较完全了。我们对项目的信息化必须含有对所有这些信息的处理，不能将它们一个个分开来开发软件系统，因为项目上往往是一人身兼数职，应该开发一个集成系统来统一处理这些数据信息，这样在项目的运作过程中数据的一致性会得到很好的保障。在所有这些信息的背后应该有一个平台来保证各种信息在各个职能部门间的正常流转。更为重要的是这个系统应该为企业管理层留下接口，使企业领导可以对项目进行监控和指导。

豪力海文的施工项目集成管理系统(图1)——CPIMS体现了以下几个原则：实用性、安全性、标准性、开放性、经济性。

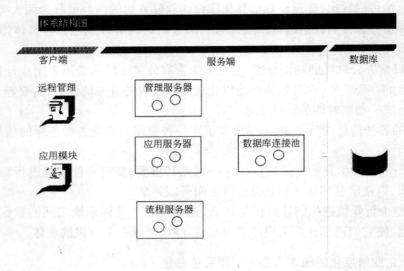

图1

该系统具有以下几个特点：

1. 技术先进，全新的网络集成软件

(1) 系统是一个基于 INTRANET、INTERNET 的网络软件；

(2) 采用三层结构，数据安全、操作方便；

(3) 大型数据库技术(SQL Server)；

(4) 具备丰富的项目管理经验、先进的项目管理方法。

2. 独创的自动化项目控制和管理流程

(1) 可以任意定义报表的审核路径；

(2) 登录后，可以清楚看见有多少文件需要审核的；

(3) 可以查看以往处理的任何表单；

(4) 任何文件都可以通知、回复。

3. 全面适应 ISO9000 标准，充分体现项目管理职能和过程控制

(1) 可以任意定义操作人员的角色(相当于职位)；

(2) 可以任意分配该职位的操作权限；

(3) 办公流程的设置可以根据企业情况自主设定；

(4) 任何文件资料都具备可追溯性和完整性；

(5) 成本计算和控制流程由计算机程序自动控制，满足过程控制要求。

4. 强大的项目成本管理功能

该系统提供了强大的统计分析功能，成本管理坚持做到"三算对比"，即：计划成本、预算成本、实际成本的实时对比。该系统成本部分包括材料管理、劳资管理、预算管理、计划管理、成本分析五个功能模块。

(1) 材料管理；

(2) 劳资管理；
(3) 预算管理；
(4) 计划管理；
(5) 成本分析。

5．网络计划软件、预算软件等工具软件是本系统的有机组成部分

6．数据共享、资源积累、档案管理

(1) 系统的数据库可以进行备份，防止数据丢失；
(2) 系统的材料库、人力信息库、项目基本信息等资料在系统中都是共享的；
(3) 随作系统应用的深入，可以提升企业的很多经验数据：比如企业内部定额等；
(4) 系统具备一定的档案管理职能，人力信息、文件管理、成本数据等基本档案资料在系统中都有备份。

四、建设企业信息化的重要内容——企业管理信息化

目前，国内市场上基于 LOTUS NOTES 的 OA 软件产品很多。但由于企业的发展背景、组织结构和管理理念不同，企业经营者对 OA 的理解差异比较大，所期望的 OA 系统功能存在差别。据有关资料分析，尽管市场上出售的商品化 OA 软件功能很强，但 OA 系统尚不能使企业真正实现信息化。

原因之一是企业需求的个性化导致 OA 系统在某个企业实施时，通常需要增加功能或修改其中的某些管理流程；原因之二是在 OA 系统的实施过程中，用户客户化工作量大，费用高；原因之三是单纯的 OA 系统中流动的数据质量和数量不高，满足不了用户的真正需要，因为企业需要的数据往往是通过业务软件经过复杂计算得出来的，而这些 OA 厂商并不开发其业务软件，也不提供软件接口。这些因素造成了企业需求和产品之间的脱节。如何重新审视企业需求，推出贴身产品和服务，成为厂商开拓市场的重中之重。

为此，在施工项目集成管理系统——CPIMS 的基础之上，豪力海文公司开发了 eFIDIC 企业管理系统平台。eFIDIC 平台系统是一套专业化、系统化、网络化、集成化的应用平台，是工程建设领域所需要的层次更高、质量更好、功能更全的信息化解决方案，更好的将应用软件和互联网融合，构建企业网络管理系统，实现工程行业各类主体之间的网络信息数据互动。

eFIDIC 平台包括系统管理、信息交流、报表管理、软件数据交互、组织及用户管理、局域网通信、互联网传输等功能模块，它建立了企业内部和外部的管理、交流、协调机制。

仅是其中的报表管理模块就具有强大的功能(图2)：

1．提供施工企业内部各个部门、各种业务所需要的报表(例如：材料、设备、人事、工程进度、工程质量、经营、统计等等)，覆盖面广，功能强大。

2．利用 Internet、Intranet、LAN 等通信平台，真正实现报表下发、报表上报、数据收集、报表更新的自动化。全面满足企业上下级报表事务处理和办公室报表信息管理，可帮助使用企业解决 90% 以上的内部管理工作。

3．可以根据用户的需要，灵活地增加、修改报表格式；类似 MS OFFICE 的强大制表功能，所见即所得，令报表设计轻松快捷。

4．强大的数据统计分析功能，用户可以根据基本数据报表产生各种统计分析报表。

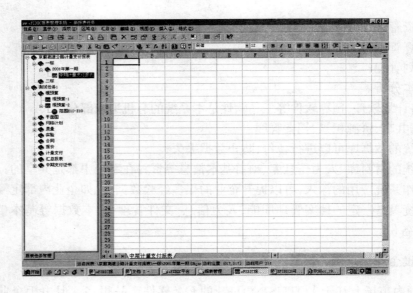

图 2

该系统除提供一般的 OA 功能外,集成了大量的豪力海文公司开发的已经过市场考验的优秀业务软件,各业务软件均与平台有接口,业务软件的数据不但可在平台上流转,更可经过进一步加工,使在平台上流动的数据是企业真正需要的。

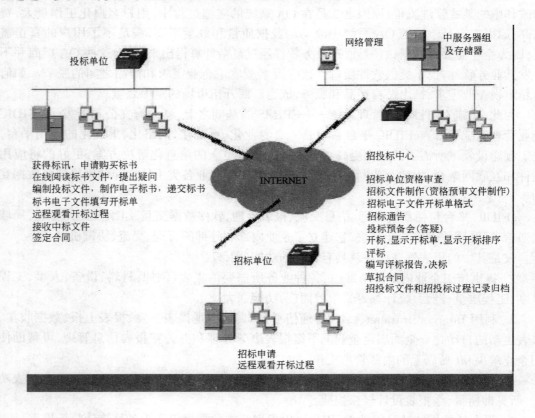

图 3

五、建设企业信息化的核心内容——建设行业管理信息化

豪力海文的建筑行业信息化管理解决方案——ECS 将计算机技术与工程行业管理规范 FIDIC 条款相融合,利用计算机软件技术、网络通讯技术,实现各业务单位间的实时连接,形成数据交换网络,从而能对各种数据进行分散处理、集中管理,使管理者和经营者及时有效地掌握工程项目实施的各种宏观和微观信息。准确便利地提供实际业务管理中的各种分析数据和报表,完成各相关业务单位间往来业务信息的自动处理,协助管理者和业务人员做出科学、准确的判断和决策。

比如 ECS 的招投标信息化管理系统,实现了项目招投标的全过程信息化管理和控制(图 3)。

工程行业设计院 PDM 系统的实施

——集成项目管理技术和工作流程技术来实现并行工程

乐华建网络技术(北京)有限公司 文 坊

一、概述

纵观工程设计院的发展过程,已经大部分采用了 CAD/CAE 等软件,大大的提高了设计的效率。但是随着市场竞争的不断激烈,对工程设计院的要求不断提高,为了适用这种发展,工程设计院也开始采用 PDM 系统来管理工程设计项目的设计数据和设计过程。

和其他行业的设计过程相比,工程行业设计院具有其自身的特点,其 PDM 系统特点也有别于其他行业 PDM 的特点。一般来讲,工程行业设计院的项目有如下特点:

1. 产品结构难以定义

对于建筑、石油、天然气、市政、交通、水利等工程行业,其设计的对象相比制造业来讲精确定义其结构很难,其相互间的关系不是单一明确的,而且存在着各种不易定义的个关系。举个简单的例子,常规的机械类的设计产品结构可以以零件为基础,按照零件的组装关系来定义产品结构,而对于一个建筑或者水利设计,就很难找到一种这样简单明了的方式来定义,比如在建筑的设计中可以涉及建筑、结构、水、暖、电、空调甚至还有地质等各个专业的设计过程,各个专业间的设计工作很难以一种从属或其他的明确关系来定义,往往是相互影响的,互为上下序的关系,因此定义产品结构需要丰富的行业经验。

2. 设计工作流程复杂、可变因素多

在传统的 PDM 系统中,设计工作流程很简单,现在很多甚至可以固定下来。比如,通常的机械设计一张图纸的产生过程通常是经过设、校、审或再加上审定来就可以完成。而工程行业的一张图纸通常要经过设、校、审、审定、会签、审批等五级或六级以上的工作程序,但是在实际中,由于一个专业的设计要设计多个其他相关专业,因此实际的流程可能要多大十几个或更多的工作程序,其复杂程度可见一斑。由于相关工作程序和相关专业较多,任何地方产生的变更都可能对设计产生影响,可变因素难以预料。

工程设计院最终的目标也是追求"进度、质量、成本"三大控制,但是由于上述的特点,使控制工程设计项目的工期、成本、和质量存在极大困难,因为不论是根据 PMBOK 理论还是 ISO9000 的质量管理都是要求对项目的过程进行控制,而工程行业的特点就是流程复杂且不易规范。

不过在工程设计院在没有实施 PDM 等数据和流程管理系统之前,也有自己一些很有效的管理方法,在实施工程行业 PDM 系统的时候,也应该符合设计院多年积累的好的管理经验和习惯。

工程行业设计过程的这些特点使其符合并行工程(CE-Concurrent Engineering)的管理

思想,并行工程的定义如下(美国国防部防御分析研究所):

"并行工程是集成地、并行地设计产品及其相关的各种过程(包括制造过程和支持过程)的系统方法。这种方法要求产品开发人员从设计一开始就考虑产品整个生命周期中从概念形成到产品报废处理的所有因素,包括质量、成本、进度计划和用户的要求。"

因此在工程行业实施 PDM 时,应结合并行工程的思想,使 PDM 系统成为并行工程的运行环境。

二、并行工程的目标

在工程设计院结合并行工程的思想来实施 PDM 系统要实现以下目标:

1. 控制设计项目的工期,避免拖期的现象发生,使工期按计划进行;
2. 控制设计过程的成本,不仅要控制总成本,还要控制设计过程中各个分解单元的成本;
3. 保证设计质量,通过对设计过程的控制来体现 ISO9000,TQC 等质量管理思想;
4. 协调设计过程中的设计人员和管理人员的工作,提供信息沟通,监控的和协同工作的环境;
5. 保留设计工作全过程的数据和流程记录,作为经营决策的基础和提高设计院竞争力的手段。

三、总体方案

实现并行工程可以从管理和技术两方面来考虑。在管理方面,国内大多数的设计院开始了项目管理,因此在工程行业实现 PDM 系统时要以项目管理(Project Management)为核心,以工作流程(Work Flow Management)为基础来体现并行工程的思想,通过项目管理技术和工作流程技术的结合应用实现对设计过程进行管理,建立一个协同设计环境。

EPC 在中海油开发设计院实施 PDM 系统时,进行了项目管理软件和工作流程管理的集成应用,在这个集成环境下,可以实现对并行工程的支持。虽然在传统的 PDM 产品也具有项目管理和工作流程管理,但相对工程行业比较,这部分功能比较弱,而且和工程行业的习惯不符,所以在工程行业实施 PDM 系统时要根据行业特点来定制。

国内设计院都有一些习惯项目管理做法。比如在中海油开发设计院,项目管理为保证进度、成本和质量的目标,采用 Microsoft Project 或 P3 作为项目进度管理软件,同时有一系列 ISO9000 为基础的质量管理体系。开发 PDM 系统时,显然要以设计院已经使用的项目管理软件和 ISO9000 质量管理为基础进行开发。在中海油开发设计院,各种专业很多,在设计过程中一个很重要任务是保证这些专业相互协调并能够并行工作来完成设计项目,因此要求 PDM 系统能够提供和设计院相适应的工作流程和数据管理机制保证各个专业和管理人员在设计过程中的协同工作环境。

实现并行工程行业的并行工程设计,主要按照以下的管理过程来实现:

1. 工程设计过程分析建模

通过对工程设计院的业务流程描述分析,以时间顺序和组织结构两维的分析模型来对设计院的业务流程进行描述。由于同时表达了时间顺序和相关组织的业务流程描述能同时表达工作过程和相关责任人的关系,便于与设计院的设计人员和管理人员沟通,同时也会减少信息的脱节现象。

通过对工程设计项目从立项到归档过程的业务流程分析,总结出各个阶段的不同的工作流程单元,由这些基本的工作流程单元构成了整体的设计项目过程。

2. 管理规则的制定

在基本的设计工作流程确定的前提下,还要通过一些列的管理规则来保证设计过程的正确运行。

管理规则主要包括如下一些内容:

(1) 编码规定

包括文档编码,计划任务编码等一系列的编码规则。

(2) 审批规则

对不同类型的文档使用的不同的审批流程规则,以及各种设计过程中事务处理的管理规定。

(3) 质量规定

质量管理中需要的相应质量文档,表单以及痕迹数据保留规则等质量管理规定。

3. 系统的开发、运行和改进

系统的实施和开发应该和用户合作完成,PDM系统和其他管理系统一样都有不断进化的特性,在系统运行过程中和系统试运行时,都要进行不断的进化来适合企业的特点,同时对用户的培训和引导作用在系统实施的过程中是不容忽视的。

四、项目管理集成

在工程行业设计院的设计过程中,项目管理软件如 MS Project 和 P3 等是常用的计划管理软件和系统分析软件,通过项目管理软件可以通过对项目进行分解和逻辑关系分析,并建立相应的网络结构和层次结构,并通过执行过程的跟踪控制,来完成项目的进度、成本。

项目启动后,计划工程师通过使用项目管理软件来制定设计项目的范围和进度计划,并通过计划的不同层次来反映管理的不同层次,对于某一确定行业的计划过程,通常以一定的WBS(Work Break Structure 工作结构分解)模板来生成项目的工作结构,WBS体现了设计对象的静态分解,还可以把设计过程中的一些活动作为分解项加进来,因此通过一个良好的WBS定义可以充分灵活的体现设计项目的内在结构和动态关系,同时 WBS 编码也是一种结构型的编码结构,是设计过程各个任务和各个小组人员联系起来进行控制的纽带。

工程行业设计的管理模式大多从垂直式的管理方式转向国际上先进的矩阵式的管理,通过计划工程师的总体计划分解任务到个专业部部室,再由各专业职能部门做各自的项目计划,最后再由计划工程师进行各个部分的汇合和调整。通过各个分解后的各种任务间的逻辑关系,最终的计划不但体现了项目各个部分的时间进程,也体现了设计项目的内在结构。

通过保证了设计的进度管理和成本管理,由于项目的计划层次结构,在最低的层次是一些列的设计文档计划,包括图纸、计算书、报告、表格等,对于这层次的计划,除规定相应的时间外,还要规定此设计文档的一些相关信息,如责任人,校审等级。这些信息在计划时就予以考虑作为设计运行中质量控制的标准,并且也作为整体系统的集成数据接口,在实现计划软件与整体系统集成时,主要通过一个完整的编码系统来完成信息集成,比如在 P3 软件中就有作业代码,作业分类码等编码功能,同时 P3 和 MS Project 等也都具有自定义数据段的功能,可以完整信息集成。

五、工作流程集成

在计划工作完成后,到设计阶段,就要靠工作流程来管理。工作流程管理首先要定义 3R 问题即路由(Routes)、规则(Rules)和角色(Roles),通过工作流程的定义保证设计文档和相关信息在正确的时间按照正确的方式,送给正确的角色。工作流程管理应满足 WFMC (Work flow Management Coalition)的标准,因此,工程设计行业设计院的工作流程子系统也应具有如下功能:

1. 过程建模工具;
2. 工作流执行子系统和工作流引擎;
3. 工作流的控制数据;
4. 工作流相关数据;
5. 工作列表和工作列表处理程序;
6. 应用程序和应用数据。

同时为了具有企业级的应用和整体信息集成的考虑,工作流程管理还应具有或集成组织结构建模和消息功能,使工作流程管理和其他部分集成。

通过对设计院进行业务流程分析,组织建模,相关数据分析,可以建立社和设计院整个项目生命周期的各个阶段的流程模板单元,通过每个具体的流程完成一项具体的工作任务,设计过程中的相关人员和数据也就通过流程而联系起来。为保证流程的合理性,除了在业务流程分析,组织建模以及数据分析时要科学合理外,还要采用一些机制来保证流程可用性,象流程的起始和结束条件,流程过程中人的路由改变权限,人员代理等。

在设计工作中,流程是复杂而多变的,且根据 ISO9000 的要求,流程还应具有可回溯性等特点。在中海油开发设计院的 PDM 实施过程中是按照如下几个方面的设计来保证流程的正确性和可用性的:

1. 流程通过在计划管理软件 MS Project 或 P3 中规定好的文档类型和等级等信息来启动文档对应的流程,流程启动后,跟随流程的有文档的相关属性信息和计划信息以及相关流程状态等,这些信息最终成为文档的元数据,而文档元数据则成为查询和管理文档的基础。同时将项目管理软件中的组织结构信息和工作流程中的组织模型相结合,进行过程的完整控制。

2. 通过 RED Line 方式和文档的 Check in/Check Out 来控制文档的完整性和准确性。

3. 提供完全的流程溯源功能,将流程按照路径、过程数据、处理事件等完全的向回查询。

4. 对文档状态的完全的在线查询,由于工程行业设计过程巨大的系统复杂性,基本不可能非常精确的定义设计结构模型中各个单元部分的逻辑关系,因此通过各个文档的状态通明的方式,为需要引用其他专业文档提供状态查询的机制,并提供相应的资料互提流程来保证数据来源的正确和及时,保证进度和质量实现同步设计。

5. 流程可以根据设计院的业务或体制变革进行灵活迅速的变更或配置。

六、小结

通过建立项目管理技术和工作流程管理的集成应用系统,可以最终实现一个对设计全生命周期的管理,整体结构如下图1所示。

设计工作平台				
项目管理子系统	工作流程管理子系统	文档管理	消息系统	Red Line…
PDM 集成框架				
操作系统、数据库平台				

图 1

通过项目管理软件和工作流技术,提供了这样的一个设计环境:

1．计划管理模块可以对设计项目进行系统分析和定义,并可以进行时间安排、资源分配,成本计算和跟踪,保证项目的整体规划完整性和可跟踪。

2．一个专业的产生的文档可以正确的发送到需要它的其他专业或管理者,同时也可以获得他需要的正确的其他专业的文档。

3．保证文档修改的不会引起版本等错误,保证他被正确引用。

4．可以追踪所有的设计流程与修改步骤,并可以查阅起所有历史版本和相关信息。

5．使用红线(Red Line)批注保证文档只能由作者修改。

6．将计划信息和质量文件和工作流与文档结合,随时将进度信息反馈回计划管理软件,记录过程质量信息。

通过这样的环境就可以为工程设计行业提供一个协同设计的平台。在这个平台上,不同设计人员可以通过自己的工作台上的工作任务来完成他应该完成的任务,而可以获得他要参考最新版的数据,并在工作完成后自动将他的设计发给下一个人,管理人员可以指定进度、成本计划,并可以在任何时刻启动察看计划的执行情况以及历史过程情况,PDM系统为不同的人员间架起准确及时的联系通道,实现了并行工程的管理思想。

运用工程项目管理实践经验

ProjectAIMS Limited　**黄得承**

一、何谓建设项目信息管理

由于一般的工程建设规模大、牵涉面广、协作关系复杂，使得工程建设管理工作涉及大量的信息。项目管理人员每天都要处理成千上万的数据。而这样大的数据量单靠常规的人手操作处理是很难准确、及时地对其进行收集、处理、储存和传递。因此，建立以计算机为核心的建设项目管理信息系统是十分必要的。

所谓建设项目信息管理，其主要目的是为了实现建设项目信息的全面管理、系统管理、规范管理和科学管理，从而为项目管理人员进行建设项目的进度控制、质量控制、投资控制及合同管理等提供可靠的信息支持。

建设项目管理事实上是一连串好像永无休止而又复杂的决策过程。项目管理人员必须及时获得足够和准备的信息做出正确的决策，并要将这些结果信息及时及准确地传送到其他需要的人或单位。因此我们所指的建设项目信息管理应包含［内向性］(inward-facing)和［外向性］(outward-facing)两种解法。即一方面能提供企业内部管理控制使用外，亦能照顾部分信息要与其他单位共享和工作流的数据传递。

当我们向很多企业人员推广项目管理软件时，发现不少人仍以为项目管理软件就等同于一些单纯用来安排进度和编制网络计划的通用软件。根据世界具权威性的美国项目管理协会(PMI)所作出的定义，项目管理应包括图1所示的9种管理功能。

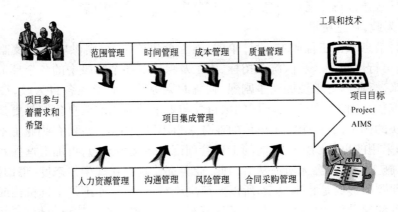

图1

当然不同的企业应按本身独特的需要而列出要推行信息化的优先次序。在目前建造业竞争激烈的环境下，企业一般都注意成本、进度和质量三大目标的控制和管理。而当中又以成本控制最为受企业领导的关注和重视，亦较愿意投放资源在这方面的信息化工作。

二、运用信息管理的目标

社会已普遍承认信息化是世界性的大趋势。很多政府官员、学者、专家、企业领导已不断讲述信息化所带来的好处,包括:

1. 提高施工过程的生产力;
2. 改善施工的成本效益;
3. 提高工程品质;
4. 促进工程参与之间的紧密合作;
5. 提高企业的竞争力。

相信读者已听过或阅读过不少有关上述信息化优点的资料,本人不打算在这里再详细解释。

三、推广信息化的挑战

若我们回顾历史,建设行业在很久以前一直占科技的领导地位,万里长城和金字塔等的伟大建筑,便是最好的例子。但在工业革命后,很多人才流向其他行业。建设行业在高新科技的发展已渐渐失去领导地位。

纵观其他主要行业,如金融、航运、制造、快餐、电子业等,建造业的表现往往差强人意。曾经参与过工程项目的人,相信都常常遇到工期延误及成本超支的经验。往往项目规模越大,问题就越严重。根据美国经济人「Economist」杂志在1999年发表的报导,每年在美国因管理效率低,错误和延误所造成的损失,竟然达2000亿美元之巨,占美国整个建筑业年总产值近30%。

在现实情况,建设行业普遍运用信息化只局限于辅助绘画图则、会计财务、文字处理等方面。纵使有部分建设企业已投资大量金钱在计算机硬件和建立企业内部联网系统,但大部分的软件方案都只是零散和单独运作,很少是能达到企业级的管理信息系统要求。

以下是导致建设行业运用信息技术一直落后的宏观负面因素:

1. 各自为政,缺乏标准

建设项目信息来自工程业主、设计单位、施工承包单位、材料供应单位及监理组织内部各部门;来自可行性研究、设计、施工招标、施工及保修等各个阶段中的各个环节及至各个专业。长久以来,行业内各单位因竞争剧烈、利益冲突等原因而形成各自为政,往往给信息的收集工作造成很大困难。要推动不同的项目参与者采纳通用的信息化工具更是难上加难。

举个现实的例子,若一个施工单位的业务来自不同业主的项目,有些业主不用电子通讯模式,就算是采用的也分别指定不同的工程管理信息系统来沟通,再加上这些系统间没有数据域互用性,施工企业便会无所适从。因此,业界都普遍存在观望的态度,恐怕投资错误。

因为这问题的形成是相当复杂,所以要解决绝对不容易,亦不是个别机构或人士可以改变现状。要推动建设行业信息化,首要是政府有关部门和主要的建设单位负起领导的角色。若有他们行动上和财政上的支持,推广起来便可事半功倍。

其次是及早制订一套共享数据标准,用以有效促进数据通讯与再用,从而达致信息互用及划一的交换模式。具体而言,应编制一套对整个行业有利的数据域,并为每个数据域订立建设行业数据标准。

2．缺乏有利的法律及商业环境

项目管理人员可能关注到法律、合约及行政等问题。如使用电子档案,许多项目参与者通常认为是非正式的文件,并要求附加打印本,但此举反而使工作量增加。此外,目前乃普遍认为电子文件的保安仍存在风险,例如挪用或更改电子文件的风险。除上述问题外,其他技术性问题,如频宽不足、规范不全等也令业界对项目管理信息化的投资却步。

政府有关方面必需在技术、电子文件的真确性、电子文件的可追溯性及接纳电子文件作为正式纪录的法律效力等问题上,以适当的方式及适当的科技,尽快营造出有利的法律及商业环境。

3．无形的经济效益比有形的大

建设项目管理信息系统的开发涉及面广、工作量大,需要消耗大量的人、财、物和时间。企业管理层在进行经济比较时,往往只考虑有形的效果,如节省人力、财力等。原因是他们只认识到信息系统能辅助工作和在某程度上能用作管理支持。在很多情况下,因计算出来的有形投资回报未如理想而将信息化计划搁置。

事实上,管理层应对信息化所带来的潜在价值多了解和分析。这些无形效益,包括提高工作质量、工作效率、减少施工错误、材料损耗等。企业要认识到随着市场竞争的加剧,信息和信息技术会为业主、工程设计、施工承包单位等创造越来越多的竞争优势,使其在竞争中得到生存与发展。

4．项目管理人员信息技术水平较低

在项目管理信息系统的开发和运行过程中,需要解决复杂的管理技术、计算机信息处理及通讯技术、系统运行操作维护等高科技问题。它既涉及管理学科的问题,又涉及计算机学科的问题,因此要开发建设项目管理信息系统,就必须有既懂信息科技知识又熟识建设项目管理业务的复合型人才。相信目前这种人才为数不多,往往需要计算机专业人员和建设项目管理人员紧密配合,互相取长补短才能使系统开发成功。现实情况是要这两类专才能紧密配合的难度很大,所花的时间亦很长,失败的例子也屡见不鲜。基于相同原因,市场上亦欠缺质优实用的建设项目管理应用软件包。

以上种种原因都导致领导层对项目管理信息化存有很大怀疑。要克服这个挑战,可先从培训下手。首先应对各级领导进行信息系统基本知识的培训,使他们掌握信息系统开发的基本步骤和一般原则,从而自觉地将信息系统的开发与实际工作紧密结合起来。次应对项目管理人员进行计算机知识的普及教育,使他们了解系统开发各阶段的任务和调查分析的方法与技术,从而能与计算机专业人员进行密切配合。

其次可透过委托开发、合作开发或全套引进等方式,聘请类似本公司的专业解决方案供货商,因为我们已建立一支强而有力的复合型专业技术队伍,拥有丰富实际工作经验、熟知建设项目管理业务、还熟悉计算机硬件和软件知识的人才。

四、实施信息化的挑战

以上所提的都是影响企业决定是否建立项目管理信息系统前的负面因素。幸好有些企业(目前只占行业的很少部分)当考虑这些因素后仍会同意实行信息化项目管理的计划。

但根据经验所得,在企业推行信息化改革旅途上,将会遇到很多不同的阻碍,最终也未能获得预期的成果。以下是导致企业实行项目管理信息化失败的原因:

1．缺乏目标

一般信息化失败的第一个主要原因,就是缺乏目标,有些客户打算购买信息化软件,根本不太清楚本身的需要,或者只是拿信息化作宣传点缀。所以在提供解决方案前,我们通常要求客户填写一份标准格式的企业需求分析(Corporate Needs Analysis)或项目需求分析(Project Needs Analysis)。如果客户不太了解本身需要的话,我们会协助他们去分析和提供专业意见。有些客户觉得很麻烦,但我们会解释给她们明白这份需求分析的重要性。通过填写这分析,可令客户更认真去列出对信息系统的要求,和优先次序。例如我们的客户之中,香港地下铁路的首要目标是在设计阶段的文档图纸管理,太古地产的首要目标是在施工阶段监督成本和合同管理;恒基地产的首要目标是要获得实时的项目财务报告;大昌行工程的目标是要将项目管理软件和集团的甲骨文(Oracle)财务软件相连接。因为这些公司有着明确的目标,成功的机会当然大增。

2．期望太高

跟上一点相反,不是没有目标,而是目标太高或太多,以为计算机产生的'经营模式'可以代替人去做决策,也许甚至可以运行企业的大部分工作。正确的做法是系统设计应尽量简单,只要能达到既定的目的,产生所需要的结果即可。应该避免那种华而不实,盲目追求高水平的作法。此外,要注意处理好人机分工的问题,那种认为一切由计算机包打天下的想法是不正确的。有些环节恰当地使用人工管理往往取得更佳的效果。

若是期望太高,到建设信息系统期间才发觉不是当初想象的,便产生失望和挫折感,系统建设便很大机会失败。

3．高层人士不投入

第三个导致失败的理由是;虽然有了目标,却得不到高层的投入。我所指的投入,一定不能是表面上的敷衍,必须证实他们确实是名副其实地对已提出的计划,真的有效贯彻感兴趣。否则在资源不足,准备不好的情况下,差不多已注定要失败。只有领导的真正重视和参加,才能保证系统开发和实行工作的顺利进行。

刚才所提到的四家公司,她们的高层领导都对信息化积极支持,在不同的工作会议上,都能百忙中抽时间出席。在实践时遇到人手不足或要购买额外设备,都会表现关心和做出适当的安排。

4．没有建立掌舵组

几乎所有的项目管理信息系统都应该有一个掌舵小组来指导日复一日的基本工作,掌舵组的角色是要为项目提供高水平的监督,以保证工作向着正确的目标而热火朝天地进行。

在系统建设期间,我们的专业顾问需要经常和掌舵组开会,大部分是每星期一次,确保全部问题获得适当处理。我们通常建议客户一个掌舵组中大约有5或6人就足够了。掌舵组的成员包括资深管理者,用户组代表,技术专家和项目经理等。我认为掌舵组最大的好处发挥团队合作精神,产生一股凝聚力,令项目成功机会大大提高。

5．培训不足

企业的经营管理是以人为本的,员工的观念和素质,直接影响着管理模式的采用。信息系统更是如此,如果不经过长期耐心的培训,员工的计算器应用水平就很难提高,对很多新的观念就不可能接受。很多系统,软件开发得很好,可就是用不起来,原因就是软件开发商和企业对这方面没有充分认识。

要熟练使用项目管理包,确实需要花些时间。所需时间根据个人的不同情况和经历不同。对于那些目前不使用计算器和商业软件的人来说,会有一个非常明显的学习曲线。

根据我们经验,培训班和操作手册虽然重要,但最关键是用户的观念。有些客户对我们反映,在现时大企业裁员的阴影下,员工已很少坚持抗拒改变的态度。反过来,很多员工愿意学习多点计算器的操作,藉此个人增值。

有一点要注意的是学习不是一次"事件"而是一个"过程"。最有效的培训方式,是由"先教出教练"(Train the Trainer first),之后由客户自己的教练按不同用户需要提供培训。也是我们大部分客户采用的模式,效果相当不错。

6. 不改革旧的管理模式

项目管理和企业的运营,需要设计、技术、施工、设备、物资、运营、财务、市场等部门的密切配合,然而由于部门的堡垒,往往使信息难于顺畅流动。在这样的管理模式下,建立信息系统,成功的可能性很小。推动信息化,是要触动既得利益的,是要触动权力的,因此说它是一场革命。如果没有这种思想准备,推动信息化是很难的。

正所谓:"输进去的是垃圾,输出来的也是垃圾"。如果不重视基础工作,很难发挥计算机系统的有效作用。为此,必须逐步实现管理工作的程序化、日常业务的标准化、报表文件的统一化、数据资料的完整化和代码化。

五、总结

本文提出了很多在推广和实行建设项目信息管理所要面对的挑战,目的绝对不是要读者放弃信息化的念头。相反地,希望藉此使读者了解到运用信息化管理是一项艰巨而富挑战性的工作。成败得失不是取决于信息技术,而是项目管理人员的素质和态度。

试细心想一想,随着中国加入世界贸易组织和全球化的商业竞争所带来的挑战,是否远比运用信息化的挑战大呢?

热力企业信息化中的标准化

北京硕人科技有限公司　孟富春

一个城市是一个有机的整体。如同一个有生命的人一样，人需要水、需要能量、需要血液循环；城市需要供水供电供热、道路交通、房屋建筑，所有这些子系统的运行都是通过一个地理名词：城市为载体进行的。信息系统在城市中的作用相当于人的大脑，一个好的标准化的信息系统就如同一个健康的有教养的人一样，举止合乎章法，同时是没有疾病的。

下面就以信息交换的角度来探讨一下热力企业在城市信息化中所处的位置(图1)，从中可以看到涉及热力行业的标准化工作应该从何处入手。

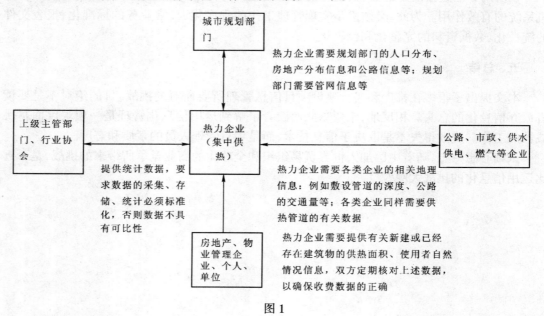

图1

假设要开发一个热力管理软件，这个软件要能够从城市其他单位处获取数据，同时能够提供别的单位以易于理解的数据；这个软件还涉及自己内部各个部门的信息流动，就像是一条信息构成的河流，每个人都能够从中取水，同时把自己产生的水向河中注入，但取水和注水的方式必须是事先定义好的，而且不能是污染的水。

1. 热力企业与规划部门的信息流动：城市建设是一个配套性的工程，根据政策和城市发展的导向结果需要建设新的居住、商业区域时，必须考虑城市供热如何进行，是否要新建热源、铺设新的管道，或者改造热源和管道，以确保负荷满足增长的要求。

2. 热力企业与主管部门、行业协会的信息流动：主管能源的政府部门需要经常审计热力企业的能源利用指标，这个指标是需要原始数据来支持的，那么原始数据(例如供回水流量、温度、压力等)的采集、存储和统计过程都需要标准化,不能说甲用一个公式,乙用一个公式来算。现在一般热力企业都有自动或手工的数据采集系统,必须规定这些数据采集的时间和地点。例如需要计算某天的平均供水温度,合理的做法是把一天划分成时间段,每个段内采集一个数据然后加以平均,但也可以在一个小时内取 10 个数据,其他时间段内没有数据,同样能够计算出来这个指标,但是后者是不能采纳的。同时数据可能会缺失,可能会有坏数,如何处理都是一些标准化的问题。

3. 热力企业与公路、市政、供水、供电、燃气等企业之间的信息流动:譬如说热力公司要铺设一条新的管道,那么在同一个路段内还有其他企业的管线和设施,国家规范上还有一些关于这些管道间距的规定,这就要求相互之间都要了解对方的设备和管线的准确位置,还必须实时更新,保留对方的最新版本,才可以避免出一些错误。

4. 热力企业与房地产、物业、单位、个人的信息流动:热力企业向上述单位或个人提供服务,上述单位向热力企业缴纳费用,缴纳的费用依据是什么? 现行的制度是采暖费用是依据采暖面积来收取费用的,热力公司需要了解所有用热单位和个人的自然属性数据,如何结构化这些复杂纷乱的数据,以及如何规范收费过程都是标准化需要研究的内容。

从以上的描述可以看出,热力企业与其环境之间的信息流动是复杂的,大量的,但是是有章可循,可以把握的,只要从城市这个角度总体把握这些信息流(数据流),逐步细化,并逐步规范数据从生产到消费的每一个环节,就能够完成城市整体中涉及热力行业标准化的工作。

下面再从热力企业内部,分析一下各个部门之间的信息交换与数据流动,看一看应该如何处理企业内部信息系统的标准化。

总体来说,每个企业都有一套自己的管理体系和管理办法,但热力企业在管理上的共性是很明显的。大约有四个体系支撑这一个热力企业的管理平台:

1. 热网体系:每一个集中供热热力企业都拥有一个热网,热网总是由热源、管网、热力站和用户所组成,热源生产热,管网输送热,热力站或用户消费热;

2. 收费管理体系:由分公司、收费组、收费员组成,一个收费员管理若干个用户;

3. 地理体系:热网和用户都是空间上分布的,都是地理意义上的"实体";

4. 运行管理体系:由分公司、运行管理组、操作员组成,管理整个热网上的运行。

热力公司中的设计部门、规划发展部门、运行管理部门、用户收费部门、资产管理部门和决策部门在上述关系中居于什么位置呢?

设计部门从地理体系中抽取用户负荷数据,根据现有热网情况设计热力站和热网;同时从运行管理体系中研究有关运行数据,反馈到设计实践中,设计部门的设计结果最终要反映到运行管理部门和资产管理部门中。

规划发展部门和用户收费部门是两个对外的接口,反映到上文的图中对应于城市规划和市政各个企业以及所有用户。规划发展部门根据城市发展的需要做出建设热网的可行性分析同时发展新用户,记录新用户的有关数据并传递给用户收费部门。规划发展部门与上面的热网体系、地理体系和收费管理体系有关;用户收费管理部门与上面的各个体系都有关系,是热力公司比较复杂的一个部门,涉及的数据种类最多,最复杂。

运行管理部门也与上面各个体系有关,根据用户的要求开关阀门、调整热源,收集整个热网的参数数据,统计分析后上报给决策部门;运行管理部门提供用户消费数据是收费部门收取费用的依据。

资产管理部门也涉及上述的热网体系和运行管理体系,从中抽取公共数据。

决策部门协调上述各个部门的关系,从各个数据体系中抽取有用的决策数据,决定企业的发展方向。

从图2所示,可以看到数据是如何流动的。

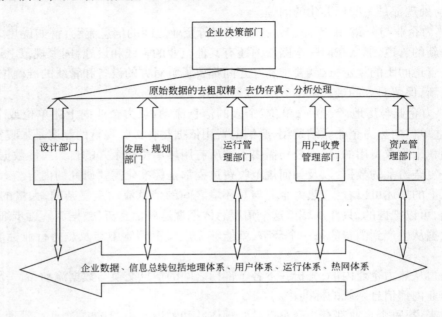

图 2

从上面可以看到,一个热力企业的数据不是各个部门互相独立的,而是一个有机的集成的数据系统,以管理系统的角度来看热力企业的数据流就会获得一个宏观的认识,从而也为信息系统的标准化奠定了扎实的一步。

建设工程质量检测系统相关问题的探讨

宜昌汇友电子科技有限公司　田正海

为了保证建设工程质量安全,必须对使用的建筑材料、半成品、构配件产品进行检测,全面了解其性能,以科学评价施工结果。要做好施工检测工作,现有的各级各类建设工程质量检测机构必须用科学的检测手段、规范的检测方法来保证施工检测程序的规范性、检测数据的准确可靠性、检测结果的可比性,为确保施工质量的提供科学依据。

随着国务院《建设工程质量管理条例》的发布实施和建筑行业工程质量安全监督体制改革的深入,各级各类建设工程质量检测机构将依据具备的资质,对外承接检测业务,成为独立的中介机构,走向市场,参与市场竞争。同时,随着中国加入WTO,国外检测机构将进入中国市场,这将加剧这一市场的竞争。

为此,建设工程质量检测机构一方面必须利用电子技术、计算机技术的最新成果,运用计算机系统改造升级现有的装备,实现检测业务的电子化,提高科技含量和装备水平,提高工作质量,保证检测结果的科学性、准确性和可靠性;另一方面必须强化管理,规范服务,树立良好的声誉和形象,以增强自身的市场竞争能力。

建筑工程质量检测控制管理系统正是从业务和管理两方面着手,提高检测机构自身的检测和管理水平,适应工程质量管理工作形势的需要。

一、建设工程质量检测的根本目标是为工程建设的各方提供科学、准确、可靠的检验数据,为建设工程质量主管部门工程质量控制提供科学依据

1. 检测业务基本流程

目前的建设工程质量检测主要是检测建筑材料和构件的力学性能。其基本流程由来样委托登记、检测、校核、审批、报告几个工作环节组成。在检测环节通过试验机对试样进行试验,获取压力、位移等各种数据,依据相关标准判定试样是否合格。传统方式下,检测数据系统由人工从试验机表盘读取数据,手工填写试验数据、手工计算、手工填写报告的流程。这种方式下,数据读取、书写、计算工作繁杂,人为因素多,出错的概率大,给工程质量和安全带来了很多隐患。

要实现检测业务的计算机管理,首先必须对试验机进行数字化改造,解决数据源问题。目前大多数的试验机没有数字接口,需要加装传感器装置,将压力、位移等非电信号转换成电信号(模拟信息号),经过模/数(A/D)转换,转换成计算机可以识别的数据(数字信息号),如图1。计算机以一定的频率进行数据采样,并过滤不合理数据(非正常的跳跃信号),将数据存贮到数据库服务器并绘出数据曲线。

数据信息号进入计算机以后,利用计算机网络平台,进入上述的校核、审批,打印报告业务电子化流程,如图2。

对设备数字化改造实现了检测数据采集的自动化,避免了人为因素引起的误差,从源头

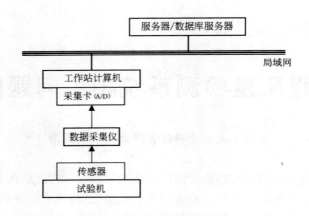

图1 数据采集示意图

上解决了检测数据的科学性、准确性和可靠性。

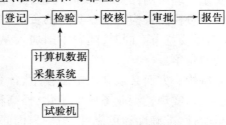

图2 检测业务流程

2. 检验系统的检验标准问题

采集到电子数据后,系统需要对数据进行分析,根据材料的检验标准进行判定检验结果是否合格。建设工程质量检测系统必须面对的一个现实就是检验标准十分繁多,变化频繁。标准本准在变化中,特别是中国加入 WTO,中国在检测待业需要与国际接轨,各种材料、构配件质量也需要与国际接轨。可以预见,近时期将是标准变化频繁的时期。为了适应这种变化,必须能提供标准的升级维护手段。将各种标准纳入标准库行管理。如果没有这种手段,每一次标准变更需要修改系统的程序乃至系统结构,那将是非可怕的事情。

二、建设工程质量检测系统的管理功能

建设工程质量检测系统除了要提供上述的基本业务流程要求的功能外,还需要满足一些检验机构管理功能的要求。

1. 收费。除了少数只为企业内部服务且不收费的企业站之外,决大数检验机构需要这些收费。检测机构作为中介机构出现,成为独立法人,需要有独立的账目和独立核算,需要管理自己的收入情况,管理好自己的利润。收费系统主要功能是管理委托单位交付的资金、已使用的资金、结余资金或所欠资金情况。检验收费在来样委托登记时根据进行的检验项目和单项收费费率确定。各地对各种检验项目的收费费率不同和可能调整,因此,系统需要提供收费费率的维护功能。

2. 站长管理。一般地,站长作为检测机构的法定代表人,应该对检测机构出具的报告负法律责任,所以需要监控业务的全过程。站长需要为工作人员分配权限,查询检验工作的进展状况等情况。

3. 人员权限管理。对工作人员权限的合理分配是系统正常运行的需要，也是保证检验数据准确性、可靠性的需要。根据工作人员的资质和业务水平，规定工作人员可以做哪些工作，不可以做哪些工作，可以做哪些材料的检验，不可以做哪些材料的检验等工作权限。

4. 设备管理及设备标定。设备管理和标定是检验工作中的重要的内容。管理设备、定义设备的量程、规定设备可以进行的检验项目，使用合适的设备、合适的量程进行特定的检验项目，可以有效地防止误操作，保证检验数据的准确性、可靠性，保证报告的正确性、科学性。

5. 公众多媒体查询。检验机构为了提高对客户的服务水平，让客户及时查询检验状态、检验结果、资金情况，了解相关政策法规，可以将相关信息置于检测机构的内部网或因特网上，提供公众多媒体自助查询系统。但是客户要查询自己的信息，需获得相应的授权，从而对客户的私有信息保密。

6. 档案管理。档案管理对检验机构来说是一件繁琐的工作，系统需要对信息进行分类，按要求归并存档，以便报送相关单位，并方便查阅使用。

三、建筑工程质量检测系统待解决的问题

1. 检测报告的格式。长期以来，各地的手工检测报告格式存在较大差异，报告格式并无统一的规定，只是在《计量认证/审查认可(验收)评审准则》中规定了报告中的15个要素。这种不统一的局面给工程质量管理系统、档案管理、数据交换和重要使用苂来了一定的困难。所幸的是，各地的建设行政主管部门或行业协会已对此有认识，正着力统一报告格式及报行防伪方面的工作。

2. 见证取样问题。检验只能对样品本身的性能进行检验，如何从管理上保证检验样品的真实性，是行业主管部门应着力解决的问题。

3. 与其他系统的数据接口

建筑材料与建筑构配件产品的检测数据是建设工程质量中的基础数据，这些数据如何与其他系统进行数据交换以便数据的重复检索使用，如与质量监督站、监理公司、建设单位、施工单位、城建档案部门的信息系统的数据交换，因特网信息发布，以充分发挥检测数据的使用价值。要进行这种数据交换，必须制定数据接口规范，这需要检测行业乃至整个建设行的信息标准化工作的推进。

四、建筑工程质量检测控制管理系统(TCMS)简介

宜昌汇友电子科技有限公司的《建筑工程质量检测控制管理系统(TCMS)》是针对建设行的检测业务和管理，按照《计量认证/审查认可(验收)评审准则》的要求研发的。系统实现了从来样委托登记、收费、检验、校核、审批、报告打印、存档到公众信息发布全过程的管理；通过对检测设备的数字化改造，系统直接从设备读取检验数据并存贮、分析、判定。为了适应业务的需要，系统还包括了站长管理、人员权限管理、检测设备管理及标定、开放式多媒体查询等功能模块；系统采用大型数据库系统，应用面向对象的技术开发，并提供数据接口，实现数据远程传输及与质量监督等相关部门的数据交换。

系统主要特点：
1. 支持检验数据的计算机采集和人工录入两种方式；

2．实现了"人样分离"原则；

3．支持检验方法和检验标准的维护升级，无需修改程序；

4．自动判断屈服点，并依据标准自动定断检验结果；

5．检验数据以数据形式存贮，支持曲线的回显，并支持曲线的局部放大、缩小显示、打印；

6．严密的安全机制和立体的权限管理能，支持按人员和检验项目两种方式分配权限；

7．完备的事务日志功能，做到"落笔有痕"。

随着建筑行业的改革发展以及国外检测机构进入中国市场，笔者认为，极可能会促进国内建设工程质量检测机构向集团化经营方向发展。行业信息化工作的推进，会大大推进检测行业信息化工作的发展，各级检测机构需要从管理和技术两个层面关注形式的最新动态，采取合理的对策，加快信息化建设，以适应时代的要求。

建设工程质量检测管理
信息系统的理论及其实现

广州粤建三和软件有限公司 黄 俭

一、前言

　　建设工程质量直接关系着国家财产和人民生命的安全,建筑材料与构配件质量如果达不到国家或行业现行有关技术标准规定的合格标准要求,则工程质量就无法保证,因此加强对建筑材料与构件的检测工作、实施有效的质量控制是保障工程质量的重要手段之一,《建设工程质量管理条例》中亦明确规定不得使用未经检验或者检验不合格的建筑材料与构件。承担着建筑材料与构件质量检测工作的各级工程质量检测机构,必须保证其所提供的检测报告的公正性、科学性和准确性,才能为各级工程质量监督管理部门实施有效的工程质量控制提供基本依据。

　　目前,我国的绝大部分工程质量检测机构如各级政府部门所设立的质量检测站(室)或企业试验室还是人工操作、读数、记录、计算、评定和填写检测报告,不仅技术水平落后,工作效率低下,而且管理难以规范,过多的人为因素,容易造成试验数据的误差。如:读数误差、记录误差、计算误差以及标准指标引用误差等等,这些都会造成检测评定结果的误差,使得检测报告不能真实反映材料与构件的质量问题,最终给工程带来质量和安全隐患。因此,如何提高工程质量检测技术的先进性和检测机构管理手段的科学性,已越来越引起人们的关注。

　　近年来随着信息技术的应用普及,人们开始越来越多地将信息技术应用到工程质量检测工作中,特别是 20 世纪 90 年代以来,国内不少单位开发了检测管理信息系统应用软件,用计算机来完成计算和打印报告,对试验机也进行了一些改进,如加装了液压传感装置,使人工读数改变成数显形式,解决了人工读数引起的误差问题等。然而,大部分的管理信息系统还需人工记录试验数据和录入计算机,功能上也大多局限于报告打印和查询,有的甚至连计算功能都没有,只是利用了计算机的文字处理功能来打印报告,既不能提高工作效率,更谈不上规范管理。

　　那么如何建立一个功能完整而又切实可行的建设工程质量检测管理信息系统呢?

二、系统建设目标

　　首先,必须明确系统建设的总体目标,即通过建设计算机化和网络化的管理信息系统,充分利用计算机网络系统高效而方便的管理辅助功能,显著地提高工程质量检测机构的技术水平、业务水平和管理水平,具体来说应该包括以下几个方面:

　　1. 实现检测数据的自动采集和检测工作的计算机化和网络化管理,确保检测数据的公正性、科学性和准确性,确保检测报告的规范性和权威性,确保检测工作的高效率和服务的及时性;

2．确保及时为各级工程质量监督管理部门实施有效的质量控制提供准确依据，尤其是涉及工程质量和安全隐患的不合格检测项目的数据，必须通过网络及时传送给有关质量监督管理部门，有效地提高质量监督管理工作的科学性和权威性，真正实现工程质量控制的目标；

3．确保系统运行的稳定性和可靠性，由于工程建设具有技术和管理复杂且周期长等特点，为之服务的质量检测机构的管理信息系统就必须具有完备的技术支持和技术服务环境，以进行长期的规范的技术保障活动，从而保证系统正常有效的运行。

三、系统功能分析

其次，必须明确检测管理信息系统的基本功能结构，以确保尽可能消除人为因素，基本实现检测工作全部流程的计算机化和网络化管理。

检测工作的基本工作流程可以归结为：收样(取样)登记→试验→读数→记录→计算→对照标准→评定→报告等步骤，几乎每一步骤都要作相应的数据处理，如收样(取样)登记，需要将有关收样或取样的工程名称、施工单位、构件名称或工程部位等记录下来，而计算中又有许多虽简单却非常繁琐的计算工作。因而作为一个实用的工程质量检测管理信息系统，必须能够利用计算机来完成几乎全部检测工作流程中的数据处理问题，包括对各种量程力值试验机的试验数据的自动采集；对采集到的力值数据或须人工录入的非力值数据进行计算和分析；依据现行有关国家或行业标准和规程给出公正而准确的评定结论；根据质量监督管理部门的要求对检测试验数据进行各种汇总、统计、数值分析和传送等，基本实现检测工作全部流程的计算机化管理，从而取代以往复杂、繁琐、效率低下而又易出错的人工作业，真正提高检测工作的效率、业务水平和管理水平。具体来说应该具备如下主要功能：

1．力值数据的自动采集

水泥的抗压和抗折强度、混凝土的抗压强度、钢筋原材的拉伸和弯曲、钢筋焊接接头的拉伸等力学试验都是检测机构常规检测项目，由于水泥、混凝土和钢筋等主要建材的质量在建筑工程施工中起着至关重要的作用，直接影响到建筑工程的施工质量和安全，是建筑工程质保资料的重要内容。利用计算机技术，通过对传统试验机进行改进，加装液压传感装置，使液压的变化作为一种模拟信号被采集到，再经过A/D转化成为数字信息，经计算机接口(串口或并口)传送到数据处理模块进行计算、分析和评定，实现力值试验数据的自动采集，取消人工读数和人工记录，从根本上解决检测数据的公正性、科学性和准确性问题。

2．检测数据的计算、分析和评定

采集到的力值数据或人工记录的非力值数据必须按有关标准或规范进行计算，人工计算效率低而且往往容易出错。比如说回弹法检测混凝土强度试验中，需要对10个测区(或以上)共160个测点(或以上)的数据进行计算，其中对每个测区的16个测点数据要分别去掉3个大数和3个小数，再取其平均值，对于非水平或非侧面的测区的数据还要进行相应的修约，并从统一测强曲线强度换算表(或地区、专业测强曲线强度换算表)中查找到对应的换算强度值，对于表中未列出的，还需采用内插法进行计算，最后还要算出平均强度和标准差，这其中的计算工作量是相当大的。即使是计算最简单的混凝土立方体抗压试验，也要每次分别考虑三个数据的计算结果中有无超过平均值15%，并根据超过平均15%的是一个还是两个，分别得出不同的结论，就常规试验而言，混凝土立方体抗压试验的工作量往往是最大的，工作繁忙时很容易出错。而计算机具有绝对准确的计算功能，只要将有关标准或规范中的计算公式和处理方法以程序的形式存贮在计算机中,可在极短的时间内得到准确的结果,绝不出错。

由计算结果推导出最终的评定结论所依据的是现行国家或行业标准和规程,要将试验的计算结果与相应标准指标值进行分析比较,才能得出"合格"、"不合格"或其他的评定结论。由于建材试验所涉及的标准或规范很多。比如说水泥,由于种类繁多,所涉及的标准和规范就达 40 多种,钢筋、钢材所涉及的标准和规范更多达六、七十种,而且随着建筑行业的发展,对工程质量的要求也越来越高,相应地对各种材料的性能指标要求也经常要作相应的调整,而且各种新型建筑材料也不断涌现,因而要及时、准确而熟练地掌握各种标准指标值是比较困难的,经常查找也很麻烦,在这一点上,计算机与试验员相比有着无可比拟的优势,计算机具有极大的存储容量和高速的查找功能,只要及时将现行国家或行业标准指标数据存贮在计算机中,计算机即可在极短的时间内找到相应的指标数据,并进行比较,从而得出准确的试验结论。

3. 检测数据的可靠性和公正性

检测数据直接反映了建筑材料和构件的质量情况,也是建筑工程竣工验收的重要依据,由于每项工程从开工到竣工都有一个较长的周期,累积的检测数据也是非常大量的,因此除了要利用数据库的强大的管理功能来保存和汇总检测数据,更要形成严格的管理流程和管理制度,配合多种灵活而简便的权限管理,从收样、试验、审核、打印报告到统计汇总等各个工作流程均提供有效的权限控制,比如收样人员只对试件的收样登记数据如委托单位、工程名称、见证人、试件种类及等级、规格等数据负责,不能处理试验数据,而试验人员只能看到试件编号,只对试验数据负责,从而真正消除人为因素,保证检测数据的可靠性和公正性。

4. 检测数据的共享性和安全性

检测数据是检测机构为质量监督工作服务的基本资料,应该及时提供给质量监督管理部门,尤其是涉及工程质量和安全隐患的不合格检测数据,利用计算机网络系统和数据库的共享性可以及时而准确的提供给质量监督管理部门,同时也要保证数据在网络环境下的安全性,才能真正有效地提高质量监督管理工作的科学性和时效性,实现工程质量控制的目标。

5. 系统的规范化和标准化

每一次试验最终都应提供相应的具有明确结论的试验报告给施工单位,作为质量保证资料的重要组成部分,以便为工程质量监督和工程竣工验收提供质量依据。因而为便于工程质量监督部门实施有效的管理,要求检测数据处理必须规范化、标准化。如要求能提供统一格式的检测报告,一般来说检测报告的格式往往是由各地方质量监督部门的管理要求和现行国家及行业标准的技术要求所决定的,一旦这些要求有所改变,则报告的格式也要作相应的调整。计算机具有较强的打印控制功能,只要将相应的表格形式的要求存贮在计算机中,计算机就能严格按照要求打印出相应格式的报告来,而且表格的要求一旦改变,计算机就能随时改变相应的打印格式,使检测工作规范化、标准化。当然,报告格式的调整必须遵循国家质量技术监督局《计量认证/审查认可(验收)评审准则》中关于报告信息 15 要点的要求,避免随意性。

6. 系统的技术先进性和操作方便性

检测数据不仅量大,而且作为建筑工程的质量档案,更需要做较长时间的保存,数据的累积性也强,同时检测机构作为技术服务部门,对检测委托单位都有一定的服务承诺,因此对检测管理信息系统的技术先进性和操作方便性都要求比较高。结合目前计算机技术的发展现状,宜采用客户机/服务器结构的网络系统和大型数据库管理系统:能够支持联机事务处理,在系统失效的情况下确保数据库的一致性和完整性;能够支持分布式数据管理;能够支持 SQL 查询、存储过程和触发器,提高数据库的网上查询效率;从而在开发工具和系统平台的技术基础上保证了系统的技术先进性和操作方便性。

四、系统的实现和推广情况

我们在客户机/服务器网络系统环境下,采用大型专业数据库系统平台成功开发了通用建设工程质量检测管理信息系统。该系统基本上实现了本文中所谈到的所有功能,目前已推广到近 200 家建设工程质量检测部门使用,从几年来的运行情况来看,这些部门基本上实现了检测工作的自动化和网络化管理目标,显著地提高了工作效率和管理水平,因而该系统受到了一致的好评。

我们在系统推广的过程中深深体会到制定信息系统应用软件标准的重要性,由于缺乏相应的标准,使得我们在为同类型的不同客户提供信息系统时不得不要为各客户定制各种个性化的数据处理模块,极大地提高了应用系统的开发成本和维护成本。当然,在制定有关标准时一定要考虑到建设管理信息系统与其他行业的相关性,比如建设工程质量检测机构作为一种质量检验机构同时要接受国家质量技术监督局的监管,其在技术、业务及管理等各方面的工作均要遵守各级质量技术监督部门的要求,因而制定信息系统应用软件标准时必须充分考虑到相关的因素,确保应用软件标准的权威性和可行性。

按照建设部关于深化建筑工程质量检测机构的意见,既要进一步发挥其在保证和促进建筑工程质量中的重要作用,又要促进其独立、客观、公正地执业,成为自主独立的社会中介机构,因而加强其内部管理和外部监控显得更为重要,推广和使用建设工程质量检测管理信息系统无疑更是势在必行。

系统结构见图 1。

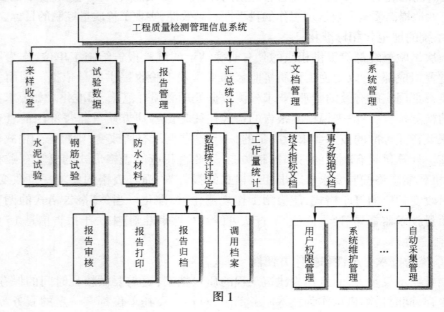

图 1

公路交通行业信息化与标准探讨

珠海同望创新科技有限公司　谢少华

一、公路交通行业信息化建设

1. 信息化现状

随着我国加入 WTO,规范化、自动化的管理成为交通行业管理发展的方向。为适应信息产业飞速发展的需要,交通部提出进一步加强交通行业信息化建设工作,于 2001 年 2 月 28 日发文"关于印发《公路、水路交通信息化工作指导意见》的通知",要求加强交通信息化建设。

交通行业从国内现有的组织机构上划分,主要分为三类:行业主管部门、交通建设投资业主和交通建设施工企业,另外还有交通设计单位和施工监理单位两类辅助机构。现在交通行业的软件以三类为主:一是交通设计的技术型辅助设计软件,一是行业的业务管理型软件,一是信息管理型软件。

(1) 设计辅助类软件

国内交通行业的设计企业是分布在全国各地的大大小小的设计院,设计院一般都是应用较为成熟的设计方法,很少有设计院做基础应用研究,近些年在大型的桥梁(隧道)的设计中采取了一些突破;大部分技术的研究均在院校与研究机构,包括国外先进技术的引进,也都是从交通的相关院校和研究机构开始的。因此交通行业设计软件的开发以院校和研究机构为主,少量为设计院自行开发,近几年随着市场的逐步放开,国外软件也开始进入国内的市场。

(2) 业务管理型软件现状

交通行业的业务管理主要围绕交通基础设施的生命周期进行,行业主管部门负责前期工作管理(由设计院或咨询公司具体实施),投资业主负责基础设施的建设管理(现在部分交通主管部门仍负责建设的管理,正在逐步过渡),后期的运营养护管理由交通主管部门的下属机构负责。前期工作的管理现阶段我国还没有很好的独立软件,后期运营养护的管理软件(包括养护、收费、监控、通讯、物流等系统)则正处于初步发展阶段,开发的单位或公司较多,但产品均尚不成熟,也没有统一的规范与标准。

建设实施的管理,根据国际通行的 FIDIC 条款,围绕建设的"三控两管"进行。现在国内有较多零散的软件,主要方向是项目管理、招投标管理、计量支付管理、质量管理等;另外针对施工企业管理的软件有设备管理和物资管理等系统。建设实施的管理软件均是专业的软件公司在开发,由于国内交通行业的软件公司都刚刚开始发展起来,还未完全形成规模,因此没有开发出一整套完整的管理系统。现同望公司等正在致力于这一工作,同望公司预计于 2002 年中期推出完整的同望工程项目集成管理系统和同望施工企业集成管理系统。

(3) 信息管理型软件现状

行业信息管理是行业管理的高端,包括业务的汇总信息管理与机构办公自动化,受业务管理软件的影响,完整的行业信息管理软件现在还没有;在办公自动化软件方面,交通行业的软件公司则没有优势,主要在行业业务管理软件的基础上增加一些办公网的基本功能;在办公自动化软件方面,现在交通行业同样以国内的一些大型软件公司和国外的产品为主,但这些公司的产品仅考虑办公自动化的需求,没有考虑行业业务需求的特点。

2. 公路交通行业信息化发展趋势

软件技术的发展以总体的技术架构为核心、以网络集成为主导方向,均朝着网络化、集成化的智能方向发展,交通行业的软件也必然会沿着网络集成的方向发展。专业的软件公司的发展方向则为提供完整的计算机解决方案和提供企业的 ERP 服务。

(1) 设计软件必然走向合作的道路

交通设计辅助软件以院校开发为主,院校由于受条件限制,不可能在每一个专业都擅长,因此也就无法形成完善的符合各种需求的设计辅助软件;作为辅助性软件,设计软件始终不可能走向集约化,无法提供行业内某一总体解决方案。当然某一专业的软件在非常成熟之后,会独立为以该项产品为主导的专业软件公司,然后再谋求向网络集成化方向发展。

作为专业的软件公司要开发完整的设计辅助软件也有较大的困难,不可能一直维持设计技术的先进性和适用性,更无法在各个专业上都保留有相应的技术领域专家(保持设计技术领先的专家一般都在科研机构和院校)。

(2) 统一的集成管理解决方案

软件的发展以满足用户的需求为核心,所有的用户都希望软件能提供全方位的计算机应用服务,也就是总体的解决方案。交通行业的软件也将根据不同用户群的需求,发展为针对不同用户群的总体解决方案,总体解决方案最终将把业务管理和办公自动化很好地融合在一起。

交通行业以后的组织机构仍将以现状的三类为主,因此行业软件的发展始终离不开这三类大的用户群,也就会慢慢形成以这三类用户群为目标客户的三大计算机应用总体解决方案:针对行业主管部门的行业管理集成管理系统、针对建设投资业主的施工项目集成管理系统和针对施工企业的施工企业集成管理系统。

(3) GIS 地理信息技术广泛应用

随着 GIS 地理信息技术的发展,其在工程领域应用越来越广泛,交通基础设施的地理信息采用 GIS 技术储存、管理,用户能够直观地操作、管理,这必定成为交通行业软件下一步的发展趋势。

(4) ITS 技术发展与行业管理软件

交通行业的业务管理软件、信息管理软件与 GIS 技术的应用逐渐成熟后,以交通基础设施的 GIS 信息为基础,以业务管理作为智能运输管理的控制,整个的 ITS 智能交通运输系统将逐步顺利地发展起来。

一旦 ITS 在行业业务管理软件和信息管理软件的基础上发展起来后,未来的行业软件都将成为 ITS 智能运输系统的组成部分,主要的开发将集中在少数专业的软件公司,而其他众多的公司只是提供整个系统其中的一些构件。

3. 交通行业软件的市场前景

我国交通现正处于基础设施的建设高峰期,现阶段工程项目的建设管理需要规范化与自动化的管理;在基础设施的建设逐步适应经济发展的需要后,基础设施的管理与行业的总体规划与管理将逐步走入规范化与自动化。交通部今年提出加强公路、水运信息化建设的工作,指出了今后交通行业软件发展的方向,也为软件的发展带来了机遇。

(1) 设计软件市场平稳

作为设计辅助类等技术型软件,由于设计的技术在不断发展,总会有新的技术运用于前期工作、设计,各科研机构与院校的技术研究工作比较规范,设计软件的推出将一直维持现有的状况。

(2) 业务管理和信息管理软件市场即将步入高峰期

随着我国加入WTO,交通行业的管理也必将逐步走向规范化、自动化,而业务管理软件则是实现规范化与自动化管理的最好手段。特别是集成的总体解决方案,能够全面解决用户的需要,未来的市场将以这部分为主。

业务管理软件中,面向行业主管部门的行业总体解决方案和面向项目施工管理的集成管理系统的近期市场将很快启动;而面向公路主管部门和高速公路公司等的运营养护集成管理软件的市场启动会稍慢一些,但其长远的发展会更好,因为运营养护的管理是长期的,而且涉及的范围更广,运用的技术也在不断发展。

二、软件标准建立

1. 软件标准建立的必要性

交通行业的软件现正处于初步发展阶段,未来将逐步完善成熟,并最终向综合的 ITS 智能交通运输系统方向发展。不管是设计辅助类软件,还是业务管理软件与信息管理类软件,没有一家公司或机构能够完全承担,必然是各有所长。全国各地交通部门也会根据自身的情况选择不同的行业软件来进行信息化的建设工作。

为使用行业信息化的工作的实施过程具有统一性和规范性,便于信息之间的相互交流;同时为避免重复开发,各自为政的人力、物力的浪费;而且为通过软件信息标准的建立,带动行业软件包的发展,更好地迎接 WTO,制定交通行业信息系统软件的标准十分必要,也十分迫切。

2. 行业信息软件标准

从软件的分类与构成可以看到,未来交通行业的软件标准主要体现在三个层次上:一交通基础设施信息的标准,二业务管理类信息的标准,三为平台通讯接口数据标准。

(1) 交通基础设施信息标准

交通基础设施信息,是整个行业信息的最基础信息,要根据不同的阶段进行划分,从规划计划、设计、施工到运营养护,每个阶段的信息要求均有所不同,因此信息标准的建立也要进行阶段的划分。

在不同的管理阶段,再根据交通基础设施的分类建立基础设施的信息标准,主要的分类应结合现有的交通行业的规范与标准来建立,主要包括:道路、桥梁、隧道、涵洞、交通附属设施、站场、物资、设备等。

建立各种基础设施相对统一的数据库与地理信息标准,包括数据编码、存储格式、数据接口,实现 GIS 系统与基础设计管理的相对统一,达到基础设施数据信息的共享。

(2) 行业业务管理信息标准

行业的业务管理信息，包括前期工作与设计的管理、建设实施的管理、运营养护的管理和办公的管理。

前期工作与设计的管理信息现我国已经有规范与标准，只是需要不断地补充和完善。包括造价的管理，同望的 WCOST2000 已经是国内通用的软件了。

建设的管理信息主要面向工程建设的"三控两管"，管理软件主要是在处理计划进度、合同、计量支付、质量、征迁、竣工资料等管理系统时，要考虑建立统一的数据库格式与接口数据格式，这样可以做到不同的软件系统可以不相互挂接，实现行业内软件的相互兼容性，避免无序地开发与排斥。"三控两管"的主要格式标准，交通部已有一些规范与标准，管理软件标准应在此基础上细化。

运营养护的管理软件发展相对较缓，交通部也刚出台养护的管理实施办法，相应的规范标准尚未完全建立。运营养护的软件标准主要考虑在养护、运输、通讯、监控等方面的管理信息数据标准。

办公的管理软件信息标准主要考虑机构管理的信息、人员管理的信息和资料文档管理的信息等。

(3) 平台通讯接口数据标准

现在行业软件的开发采用的技术都有所不同，采用的平台也较少相同，要达到行业内不同企业和管理部门之间纵向和横向的信息能够实现连接共享，必须制定相应的平台接口数据标准和通讯接口数据标准。

从现有的技术来看，主要是操作系统之间的数据通讯标准，不同 GIS 应用平台间的接口数据标准，不同的技术架构之间的数据传输标准等，另外还包括 GPS 定位信息的标准与 PDA 的通讯信息标准等。

在不同的开发技术、不同的应用平台和不同的应用架构之间要统一制定数据分类与格式规范、信息交换的原则、信息处理的规范等，实现行业计算机应用的集成化和一体化。

三、同望的总体解决方案

从 2001 年开始，同望公司在以往产品开发的基础上开始针对交通行业典型客户特点开发全面、开放的交通行业管理信息化解决方案(iToone)，基于业界首推的企业应用技术平台 J2EE(JAVA 2 ENTERPRISE EDITION)，分为一个通用办公平台和 5 个业务集成系统：《iTWP:同望办公自动化平台》、《iGMS:同望政府行业集成管理系统》、《iRMS:同望公路运营集成管理系统》、《iMMS:同望养护集成管理系统》、《iPMS:同望工程项目集成管理系统》、《iEMS:同望施工企业集成管理系统》，领导行业内网络化办公潮流。

同望交通行业信息化管理解决方案是一个统一的、开放的、分布式的系统。本系统以构件库的形式提供交通行业信息化管理应用的全面解决。采用通用的、开放的数据标准和传输协议，提供对各种终端(如 PDA,WAP, 一般应用程序、浏览器)的支持。本系统可以分布部署，提供了优秀的可定制性，可伸缩性和可扩展性。本系统提供协同作业的机制，提供多种的安全机制组合，可对采集的数据进行数据挖掘，是基于 J2EE 标准开发的系统。

业务架构

iTOONE(TOONE Integrated Communications Industry information Management Solution 同望交通行业信息化管理解决方案)：

iTWP(TOONE Integrated office automation Work Platform 同望办公自动化工作平台)：
  通用办公网(消息发布、在线会议、讨论区……)；
  组织机构管理(含人事管理)；
  工作流管理；
  资料档案管理；
  通用报表。
iGMS(TOONE Integrated Government Management information System 同望政府行业集成管理系统)：面向政府交通主管部门的行业管理解决方案
  行业信息管理(造价信息、资质资信信息、市场信息、文档资料、招投标管理)；
  路网管理(路网地理信息系统平台、规划、计划)；
  运营管理(总体)；
  养护管理(总体)；
  基建项目管理；
  科研管理。
iRMS(TOONE Integrated highway Running Management information System 同望公路运营集成管理系统)：面向高速公路公司的运营管理解决方案
  路网地理信息系统平台；
  收费管理；
  通讯监控管理；
  路政管理；
  交通管理；
  站场管理。
iMMS(TOONE Integrated Highway Maintenance management information System 同望公路养护集成管理系统)：面向公路管理机构和高速公路公司的养护管理解决方案
  路网地理信息系统平台(含路况管理)；
  路面管理；
  桥梁管理；
  养护计划资金管理；
  养护工程管理。
iPMS(TOONE Integrated Project Management information System 同埜工程项目集成管理系统)：面向业主、监理、承包商的工程协同管理解决方案
  工程项目管理(总体,含投融资)；
  征地拆迁管理；
  计划进度管理；
  质量管理；
  计量支付管理；
  合同管理；
  竣工资料管理。
iEMS(TOONE Integrated engineering & construction Enterprise Management informa-

tion System 同望施工企业集成管理系统）：面向施工企业的管理解决方案

项目经营管理(投标、合同、计划、结算管理)；

人资管理；

财务管理；

物资管理；

设备管理；

安全管理。

南非桥梁管理信息系统(SABMS)和国际化应用

南非工业科学院　王于晨

一、介绍

　　南非的城市道路和国家、省市属公路管理化水平很高。在南非的各个大都市,综合市政基础设施管理信息系统得到了很好的应用。它包括城市道路和国家主干路路面信息管理系统,桥梁信息管理系统,排水系统管理系统,交通安全管理信息管理系统,地理信息系统,维护管理系统等。这些信息管理系统交互式使用公共的数据库。南非的BMS桥梁管理系统具有国际先进水平,软件可视性好,实用性强。通过对软件进一步开发能够适用于广州城市桥梁管理的需要。南非BMS桥梁管理系统与目前国际上流行的其他桥梁管理系统一样,软件管理系统主要针对桥梁的总体级管理。在该级管理中,主要通过对桥梁的检查,按桥梁出现的病害状况进行评价,并推测病害的发展来预测桥梁的使用寿命。然后对处理这些病害所需的经费进行预算,并可根据每年有限的维修资金,对桥梁维修方法和资金分配进行优化与决策。

　　城市道路基础设施和连接城乡的国家及省市公路网是国家最重要的资产之一,它们与人民群众基本日常生活息息相关。世界上大多数发达国家已有了完善的路面管理系统及道路桥梁维护计划。但在很多情况下,适当的桥梁维护依然被忽视。大多数城市和高速公路上的桥梁在其使用期的最初15～20年内,一般仅会有少量破损特征。如不能适时地进行维护,就会产生严重破损,从而导致昂贵的维修或重建,甚至由于安全系数的降低而不得不关闭桥梁。具有战略意义的桥梁关闭或倒塌造成严重的经济损失,远远大大超过定期的桥梁检查及维护费用。

　　与道路不同,桥梁的破损率随着时间不同差异很大。其破损率是许多因素的函数。这些因素包括气候,桥址,交通量,设计和建造缺陷,以及材料的质量。有些桥梁在建成50多年后仍不需要维修,而有些则在十年内就需大修。因此,如果没有适当系统的桥梁检查和缺陷监控程序,要定出桥梁所需的维护频率是非常困难的。

　　自从1986年以来,南非工业科学院(CSIR)一直处于世界桥梁管理信息系统和评价及维护技术的领先水平。在南非和南部非洲多个国家的城市和国家公路主干道及中国的台湾省都一直成功地应用着南非的信息系统和技术。这些桥梁管理信息系统采用了适应性广泛的计算机软件以满足新用户的要求。随着INTERNET网络,GIS和数码图像处理等最新IT信息技术的应用,南非的桥梁管理信息系统SABMS全面进入新时代。

二、桥梁管理信息系统的使用状况

　　南非工业科学院至今为止已为以下管理机构开发并协助其使用了桥梁管理系统。

1. 伊丽莎白港市

　　这个项目始于1986年,是第一个由卡片穿孔转为计算机模式的桥梁管理系统。

南非工业科学院研究开发了这个系统并对 71 座桥梁进行了检查。该项目包括记录基本数据及准备最终报告。大量立体交叉桥包括在这个项目中。该项目考虑了多种类型的复杂大桥。实践表明，最有效的方法是把这些结构分成独立的桥梁，它的上部结构都有各自的特点。下部结构可以分配到相邻的桥梁或者省去。这项工作需要与该市政委员会职员之间的密切合作。在该市管辖区内的 22 座桥梁包括在这个项目中。南非工业科学院检查了这些桥梁并把它们的结果整理编撰为相应的基本数据。

2. 夸祖鲁那塔尔省交通厅

该项目始于 1987 年，至今已全面执行。在开发这个系统之前，南非工业科学院做了广泛深入的研究，在现场检查了 350 个结构。5 个咨询工程师完成了桥梁检查和部分数据的采集。按计划每四年有一轮检查，第二轮开始于 1992 年。该系统已经更新扩展到可用于小结构，如涵洞，包括箱涵和管线。更新了的系统操作简单方便。该省相当数目的结构，特别是年代久远的结构，没有图纸记录，这就需要进行现场检测并从实桥采集基本数据。

3. 皮特迈瑞兹波格市

1991 年南非工业科学院研究开发了这个系统。软件适用于多种结构类别，每个都有其相关的基本数据及检查表。该系统是为适应皮特迈瑞兹波格市的需要而开发的，同时也是为了验证和提高系统的效率。随后，SSI 培训了该市政委员会工作人员的软件及硬件的操作，现场检查，数据采集和做出所需的报告。在南非工业科学院的不断支持与协助下，皮特迈瑞兹波格市委员会工作人员已经能够运用该系统。

4. 夸祖鲁那塔尔省公共事业厅

南非工业科学院开发了并同其他咨询工程师一同执行该系统。成立了一个包括夸祖鲁那塔尔省政府和咨询工程师在内的技术委员会，以确保该系统最大限度地满足需要。这个系统的独到之处在于其数据存储适应性广泛，适用范围从桥梁到路旁防护网结构。

5. 比勒托利亚市

该系统与皮特迈瑞兹波格市的系统几乎完全相同，比勒托利亚市于 1992 年下半年从南非工业科学院购买了此系统。

6. 南非交通部国家公路局

南非工业科学院得到了开发 BMS 系统的合同。该系统目前正在开发之中。南非交通部国家公路局委任 SSI 执行桥梁检查计划。项目包括培训来自全国不同咨询公司的 50 名检查员，并使他们懂得结构整体缺陷损伤积累代来的后果，会写投标文件，投标评估报告，进行桥梁检查，管理桥梁评估报告，以确保缺陷评估的系统性。

7. 中国台湾省

1995 到 1996 年期间，南非工业科学院在台湾成功地执行了 BMS 系统。在此期间，软件有了重大改进。南非工业科学院撰写了桥梁维修手册及材料标准手册。该系统是在 WINDOWS 环境下工作的，大大改善了其使用的方便性。它包括监控，图片采集和展示模块，以及缺陷加剧速度的图像显示。

培训是该项目的重要部分。南非工业科学院在台湾各地对用户成功地进行了培训。此外，还定期给台湾管理机构提供桥梁缺陷及缺陷维修方面的咨询。我们也为其他用户提供服务，例如台北市政府，台湾高速公路局，台湾铁路局等。到目前为止，南非工业科学院已为当地主要的土木咨询公司撰写了加固项目的建议。该咨询公司已成功地完成了所有项目。

8．南非铁路总公司

继中国台湾省项目之后,南非工业科学院决定在南非执行一个新系统。第一个使用的是南非铁路总公司。该公司拥有许多钢桥,绝大部分是钢桁架承托桥面板。经试用发现,系统很适用于这类结构,只需作微小的改动即可。该系统的执行于1997年底完成。

9．南非铁路运营总公司

所用系统与南非铁路总公司完全相同。

10．开普顿市

开普顿市最近执行的BMS系统是第一个使用监控模块的。它使得检查员能在现场确定监测的缺陷。计算机程序提供缺陷评定桥梁的监测和监测频率报告,以便对该结构进行评估检查。同时,有关人员的相应培训在开普顿市完成。

11．西开普省

该省的BMS系统与开普顿市的类似,只是另外增加了涵洞和挡土墙模块。这些模块特别适用前述结构,它不同于桥梁的数据采集和现场检查表。该项目计划于1999年完成。

12．博茨瓦那国家道路建设部

这个项目包括BMS的各个方面,BMS的开发和用户服务,数据采集,桥梁检查,报告编写及制定5年桥梁维护,更新计划。

13．纳米比亚国家道路部

南非工业科学院和纳米比亚国的咨询公司组成联合项目组,通过国际竞标,执行该国的桥梁信息管理系统,道路信息管理系统及两个系统的综合应用。此项目从2001年开始。

14．斯瓦兹兰王国

该国是介于莫桑比克和南非之间的一个王国。南非工业科学院与该国的基础设施管理部门一道,执行提所有城市和公路网上的桥梁信息管理。

三、设备与系统结构

1．计算机硬件和软件

南非工业科学院具有存储大,速度高,功率强的IBM兼容计算机,包括GIS软件。计算机已网络化,数据通讯和传递使用模块及电话网络。南非工业科学院具有承担这些项目必要的设备和资源。

2．计算机编程

南非工业科学院的软件工程师们完成了STRUMAN程序的编写,所有的先进技术都用于所开发的软件中,从而尽可能确保友好的用户界面。软件开发尽可能考虑到用户的财力与系统的整体性,GIS系统和其他管理系统技术,并扩展到网络连接和用户的其他要求。

3．南非桥梁管理信息系统结构图(图1)

4．南非桥梁管理信息系统基本流程图(图2)

四、总结评述

南非工业科学院桥梁管理信息系统方法概括如下:

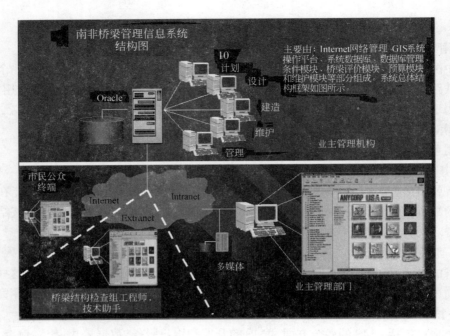

图 1

图 2

1. 这个方法基于缺陷评级。通过评定整个结构的缺陷,提出维修计划,使用有限的资金进行最紧迫的维修。

2. 缺陷评估对确保 BMS 系统的有效性是至关重要的。评级程序越准确越简单,次序排队和由计算机程序得出的优化计算越具相关性。

3. 桥梁检查中使用的评级方法称为 DER 评级系统。该系统帮助检测员把重点集中在桥梁缺陷上。如果检查中未发现缺陷,检查员就无需进行评级。检查员投入在无缺陷结构上的工作时间应减少到最低,从而使检查员有更多的时间工作于桥梁有问题的区域。

4. 检测表中 DER&U 评级概括如下:

D-缺陷程度:缺陷的严重性;

E-缺陷范围:缺陷的普遍性;

R-缺陷的相关性:在检查结构中,考虑到现有缺陷对桥梁的使用性和车辆安全性的影响;

U-修复工作的紧迫性:考虑到将来会使缺陷加剧的因素,提供制定维修工作时间的办法。

5．最重要的是缺陷评级的相关指数 R,用它来确定缺陷对桥梁安全使用性的影响。这就使检查员不但要看到缺陷的评级,而且要考虑到其各个方面,了解桥梁的结构整体性对评级的影响。

6．在作财务预算和考虑未维修缺陷对财务支出的影响时,缺陷加剧速度是需要考虑的一个很重要的因素。值得注意的是位于不同桥梁上的相同的缺陷,其加剧速度会有显著的差别。因此,STRUMAN 能够监测每个结构上每一缺陷的加剧速度。在多跨结构中,一个桥墩上的缺陷可能会导致全桥破坏。通过对缺陷的监测,STRUMAN 可提供非常有价值的信息,使用户在结构严重破坏之前引起足够的注意。这使得人们能准确地预测出结构的剩余使用寿命,区分其主要和次要部分。

7．缺陷加剧速率也用于计算维修每一缺陷费用的增加。

8．STRUMAN 由效益和成本的比率得到优化计算,风险与缺陷相关评定指数有关。这个指数直接决定机动车辆的安全。根据每个缺陷的修复费用而计算出总花费。在已有的预算中,除去具有最小 R 值但有最大维修工作量的项目。用这些资料做工作计划,在预算模块中附加的参数可使用户根据预算控制整个优化分析。这项工作一般在最初的估价中得到。这些就能使桥梁管理部门由它们的维修总计划来确定最后要进行的项目。南非工业科学院正在与中国的合作者一起开发基础设施管理信息系统。我们具有很大的优势。

9．有为市政、省和国家交通部门及国际用户开发和执行桥梁管理程序的丰富经验。

10．保持与国际上其他桥梁管理系统发展同步,并与他们进行同水平上的技术交流。

11．开发用户界面友好的 WINDOWS 环境下的软件,使得 STRUMAN 容易进行转换升级。

12．为确保该系统更好满足用户的需要,集团做了更广泛的调研,并修改程序功能,增加相应项目到现有软件中。

13．与其他已开发的管理软件的程序员紧密合作,集成综合式用户管理程序。

14．由有丰富经验的工作人员和先进的计算机相配合,推进项目开发。

15．由对现场检查和对结构评估具有丰富经验的人员执行整个项目。

第三篇

地理信息系统

第三章

参考题解答

设计一体化应用 GIS 和设计单位管理信息系统建设相关问题的探讨

北京理正软件设计研究院　黄　琨

建设部"十五规划"对勘察设计行业明确提出了建立工程勘察一体化系统、工程协同设计分系统、建筑设计应用集成系统开展协同设计的要求,以及建立企业综合管理信息系统的要求。因此对设计领域来说,在"九五规划"完成,已经达到计算机辅助设计初步应用的条件下,下一步的目标一个是实现一体化设计,另一个则是勘察设计单位的管理信息系统的建立。所以从建设行业信息化的角度出发,勘察设计单位信息化工作的重点必将围绕着这两个目标进行,探讨实现这两个目标的信息化技术问题就显得很有必要。

一、设计一体化的信息化技术探讨(图1)

一体化设计的核心内容是在同一个工程数据支持系统下,各不同专业利用不同的专业设计工具进行大规模的协同工作。因此实现协同工作的首要目标是要实现工程数据的统一管理和应用。

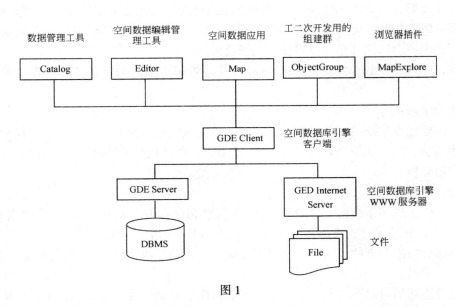

图1

工程建设领域,由于其所涉及内容的复杂性、繁琐性,决定了其专业数据的大量和多样。如何可以实现工程数据的统一管理和应用,即如何建立数据平台是相当复杂的一项工作。现在有很多设计单位逐渐开始摸索着建立企业级的工程数据库,就是一种建立数据平台的尝试。

数据平台一般包含有设计内容的基本和原始资料、设计中间成果资料、设计成果审核资料和设计成果资料等几部分，同时又可以分为图形资料和数据资料以及图文混合资料等类型。因此，数据平台的建立必须能够处理以上的数据类型。这就要求必须有一种对数据和图形均有并发处理能力的信息处理工具，而地理信息系统(GIS)就是这样一种工具。

地理信息系统实质上就是数据管理系统，其第一位的功能是管理功能，其次才是其他的诸如制图、地理位置等的功能，而数据平台的要求恰恰是管理功能，可谓相得益彰。

使用地理信息系统建立数据平台，有几个关键的技术需要考虑，否则在数据平台建立的过程中，会达不到理想的状态。

关键技术一：

空间数据库引擎的应用，高效的具有空间检索功能的空间数据库引擎；将所有空间数据存入关系型数据库之中，并可以将其用空间条件表达式检索出来。这样可以很灵活的使用而不必担心如地理信息系统平台或数据库类型等产生的问题。

具体解决的方式就是将图及图上的信息存入关系型数据库中，并可以输入一个条件(比如某一指定的矩形区域)，这样可以使图形数据和非图形数据产生联动关系，真正实现设计协同工作。

关键技术二：

高效的可动态维护的 WebGIS，通过广域网可与高效的具有空间检索功能的空间数据库引擎连接；将关系型数据库之中的空间数据用空间条件表达式检索出来，是动态可维护的 WebGIS。这样在广域网的范围可以实现同样的协同设计。

关键技术三：

数据存储要具有版本属性；各种类型的数据都有版本属性，更新数据、浏览器是否下载新数据都有版本控制。即数据库中的数据，同一区域的图件的不同次采集加工的结果可以用"版本"这个概念区别开来。以提供不同场合的应用。

因此，在数据管理中，依靠此技术，可以方便地管理历史数据以及和时间发生关系的同类数据。

关键技术四：

建立体模型为基础的三维整体数字模型。其内容包括三维地表和三维地质模型结合的三维实体模型，以及三维实体景观(建筑物)模型等。在体模型的基础上，才可以实现一系列的工程应用分析。

关键技术五：

完全组件化的体系结构，意味着更好的开放性和更强的二次开发能力；可以用 C++、Visual Basic、Delphi 等计算机语言进行二次开发。通俗地讲，这个平台完全是靠一个一个的小模块(标准件)搭起来的。用户自己可以完成这个搭的过程，并可以在其上扩展功能。

关键技术六：

数据管理功能可以同时存取多台分布式数据库服务器。如某一个人完全可以从另外的多个机器上取不同的图层，然后组合成新的应用图。

关键技术七：

桌面版、C/S 版本、B/S 版本(WebGIS)。

理正软件设计研究院开发的 Leading GIS 正是解决以上关键技术的实用选择。

二、管理信息系统的信息化技术探讨

设计单位的管理信息系统主要是基于项目流程管理的,但又不仅仅是单纯的项目流程管理。如果实现设计单位的综合管理,必然包含日常办公自动化(公文、人事、财务)、项目管理、项目流程管理、图纸档案管理等,是以项目管理为主业务线,综合其他功能的管理信息系统。

从其信息化技术的角度来讨论,核心技术并不是很复杂,大多数软件开发单位均可以利用现有的技术实现其功能,难点在于应用。如何将现成的技术用在合适的地方,如何与设计单位本身的规范管理结合在一起,融入设计单位的管理体制之中。

问题一:
数据标准、管理规范的统一。这里讲的统一,并不是全行业的统一,而是本单位自身的统一。

问题二:
系统体系结构的完善。是否从开始建设就是从整体考虑着手,从宏观的角度整合企业的信息管理平台。还是不分轻重,先建立能够建立的子系统,等系统建设完成后再考虑综合应用。这两种方式很难说到底谁对谁错,但综合考虑好之后再分步实施是符合系统设计的指导原则的。

问题三:
具体一些软件技术的应用如:

1. B/S 结构,适用于 Intranet 和 Internet 环境。
2. 具有版本控制功能的文档管理系统,既具有文档流转功能,又可自定义流转程序。
3. 项目流程管理,基于项目的复杂组织结构的文档管理和流转审阅功能,且可自定义审阅程序。
4. 完善的权限管理机制等。

因此,笔者认为,设计单位的管理信息系统,从项目宏观管理配合相应的文档管理、信息共享机制作为系统建设的基础,上对接以公文传输、公用信息交换、个人信息管理为主的办公自动化系统,下对接具体微观的项目流程管理,可以实现设计单位的综合管理信息系统的建设。

系统结构如图 2～图 7。

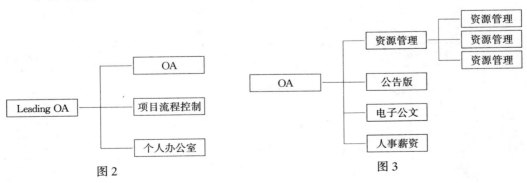

图 2　　　　　　　　　　图 3

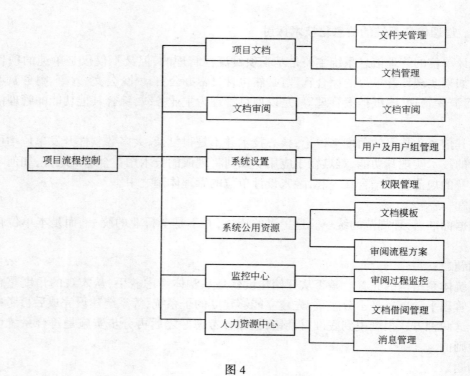

图 4

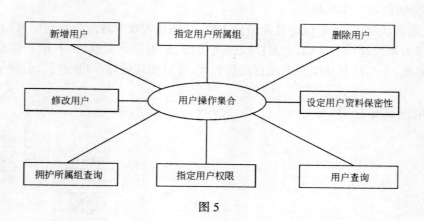

图 5

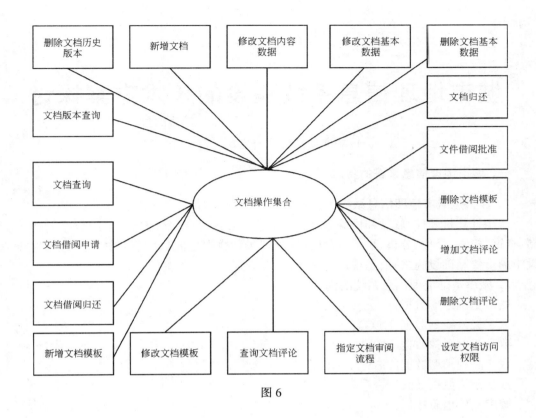

图 6

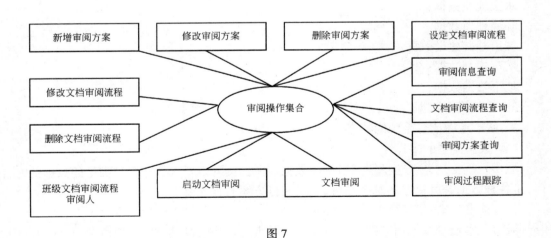

图 7

城市地理信息系统建设的技术方案探讨

北京市勘察设计研究院　陈　雷

一、城市地理信息系统的特点

1. 什么是城市地理信息系统

运用计算机硬件、软件和网络技术,实现对城市各种空间数据、非空间数据的输入、存储、查询、检索、处理、分析、显示、更新并能处理各种数据之间的关系系统,是"数字城市"建设中的重要基础设施之一,是现代化城市规划、管理的先进工具。

2. 城市基础地理信息系统的内容

城市基础地形数据：

数字矢量线划数据(DLG)；

数字正射影像数据(DOM)；

数字高程模型数据(DEM)；

数字栅格数据(DRG)。

城市基础地质数据：

地层数据；

地貌数据；

地质构造数据；

水文地质数据；

环境地质数据。

城市基础建设数据：

城市规划数据；

地下管网数据；

3D建筑模型数据。

3. 城市地理信息系统的特点

(1) 数据类型的多样性

城市地理信息系统包括了城市基础数据、环境、资源以及人文等多种类型的数据的综合体,是各种数据高度复合的复杂系统,这是制订方案时首先要考虑的。

(2) 应用对象的广泛性

城市地理信息系统面向的应用对象包括城市规划部门、环境部门、地质部门、水利部门、交通部门、公安部门等等,应用又包括实时监测、管理查询、分析决策等各种层次,因此,制订方案要考虑到不同部门的不同应用。

(3) 精度高

一般来说,城市地理信息系统都采用比较大比例尺的地图,比如在交通管理 GIS 中,可显示出与GPS配合的汽车的行动轨迹,精度不够可能导致汽车"行驶"在建筑物上而不是行驶在道路上。这就使系统的数据量大大增加。

(4) 标准化程度高

要考虑到城市各部门之间的信息交换、在Internet上对公众的信息发布以及地理信息系统和其他办公系统、城市管理系统之间的信息交换,因此,在制订方案时应尽量采用标准的数据编码,系统应采用互换性强的数据格式。

(5) 更新快

由于城市日新月异的建设速度,因此不论是城市基础数据还是各专题数据都可能要频繁地更新。

二、对城市地理信息系统开发方案的要求

1. 系统开发过程

系统的开发过程与其他应用系统基本相同,但在开发过程中应考虑城市地理信息系统本身的特点,开发过程包括:

(1) 需求分析

调研、归纳、分析。

(2) 总体设计

系统框架的建立,网络拓扑图的建立,软、硬件的选型,主要模块的确定。

(3) 详细设计

编码的设计,程序的编写。

(4) 系统调试

各模块的测试与安装组合,系统的试运行,修改错误。

(5) 系统运行与维护

对系统不断进行完善。

2. 城市地理信息系统的框架结构

城市地理信息系统的规模不同,需求不同,但根据目前我国城市的具体情况和大多数地理信息系统软件平台的基本功能,都可以考虑多层次的框架结构,一般情况下可包括以下三层:

(1) 基础层

根据不同需求采用各种形式的城市基础地形数据(4D),可直接从测绘部门取得或根据相应比例尺的纸质地图进行矢量数字化或栅格数字化。

(2) 专题层

包括各部门的空间专业信息,叠加(Overlay)在城市基础数据层上,形成各专业城市地理信息系统。如城市规划、工程地质与水文地质、交通、水利、环境、公安、地下管网等系统,满足各专业空间查询、管理的要求。

(3) 综合层

对已有的城市地理信息资源进行高层次分析、综合、开发,需要有足够的基础空间信息、强有力的空间分析工具和专业人员相结合,主要为城市发展、城市规划、城市管理的辅助决策服务。

三、城市地理信息系统的开发方案介绍

1. 开发方案分类

按开发方法分：

（1）从底层开发，使用 VC++ 等语言从底层写起，最终完成整个地理信息系统。这种方法的优点是可以根据自己的要求从系统的底层定制一些功能，运行效率较高。但这种开发方法是各种开发方法中难度最大的，需要大量掌握高级编程技术和 GIS 核心理论的技术人员和项目管理人员，开发周期长，稳定性较差，开发费用较高。一般情况下，GIS 的最终用户不宜用这种方法开发应用系统。

（2）利用商业 GIS 系统进行二次开发，是目前应用最多的开发方法。

开发难度较小，开发周期短，根据存储方式、发布方式、性能、功能又大致分为：

分布式地理信息系统：在局域网环境下，有在服务器上运行的空间数据库和属性数据库，可以对海量数据进行输入、存储、查询、输出等各种操作，有很强的空间分析功能（如拓扑分析、缓冲分析、布尔分析、高程等值线等）和多种数字模型（网络模型、3D 模型等），价格较高，开发难度较大。像 ESRI 公司的 ARC/INFO、Intergraph 公司的 GEOMEDIA 等大型商业地理信息系统软件即属此类。

桌面地理信息系统：一般在单机状态下运行，可容纳的信息量较小，功能相对简单，价格低，开发比较容易。像 MAPINFO 公司的 MAPINFO，ESRI 公司的 ARCVIEW 等等。

实际上，随着 GIS 技术的不断发展，很多商业 GIS 软件已经突破了原有的桌面系统的概念，很多国产的优秀 GIS 系统，像武汉地质大学的 MAPGIS，武汉大学的吉奥之星等，都能够存储大量的数据，空间分析功能也大大增强，并具有价格上的优势。

WEB 上运行的 GIS：随着 Internet 的普及，在互联网上运行 GIS 也应运而生，这类系统在 Internet 服务器上运行，通过网站发布，用户上网后可在浏览器上包括地图在内的空间信息。但受带宽的限制，速度较慢，信息量不可能很大，适合在网上发布一些与地理信息有关的信息。如 MAPINFO、ESRI 等国外公司和国内一些公司都有此类产品。

（3）应用组件式 GIS 开发平台。组件式 GIS 开发平台是国际上最近几年发展起来的新型 GIS 软件。组件实际上是一系列软件模块，应用地理信息系统的开发者可以将这些模块组装起来构建满足用户需求的、功能强大的应用程序。组件式 GIS 具有二次开发方便，易于集成、无限扩展等特点，有利于提高二次开发的效率，增强 GIS 各子系统之间的亲和能力。组件式 GIS 开发工具，以"控件+对象"的形式，支持多种开发语言，包括 Visual C++、Visual Basic、Delphi 等，开发者可以使用自己熟悉的语言根据用户需求定制各种应用。

常见的组件式软件有：ESRI 公司的 MapObject、MapInfo 公司的 MapX 以及国内超图公司的 SuperMap 等等。

综上所述，应用组件式 GIS 系统需要具有一定的开发能力，适用于定制用户需求明确的 GIS 系统。

2. 对城市地理信息系统方案的评价

方案确定之后，应从技术、经济等各方面对系统方案进行评价，看是否达到预期的目标，主要包括以下几个方面：

（1）功能 包括用户需求的数据管理功能（数据的输入、查询、显示、输出、备份、更新

等)、评价分析功能(数学模型等);

(2) 性能 包括运行效率、系统精度、系统可靠性、可维护性、可扩展性、可移植性和安全性等;

(3) 经济性

四、城市地理信息系统开发方案实例

1. 应用组件式 GIS 系统 MapX 开发的岩土工程 GIS 应用(图1)

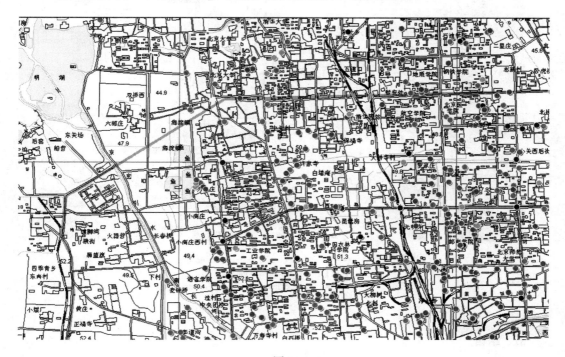

图1

这是一个小型的 GIS 系统,可以安装在笔记本电脑上,用于工程技术人员在外面商谈项目时对项目周围的工程地质、水文地质情况进行查询。系统采用 Accesse 数据库,用 Visual Basic 语言编制,系统包含了北京地区 2000 多个工程和 19000 多个钻孔的数据。系统具有单个钻孔查询地层、多个钻孔查询地层、按范围查询工程、按工程编号查询工程、按坐标位置查询等功能。如果与局域网服务器上的 SQL Server 数据库相连接,信息量更大,放到工程主持人的工作站上使用。

2. 在岩土工程 GIS 中应用 MAPGIS 的空间分析功能(图2)

用组件式系统根据用户需求定制的 GIS 应用有一个缺点,就是灵活性不够,对于一些不可预见的需求,或临时的需求,特别是一些分析功能,也需要编程实现,可能延误时间。

2001 年 2 月奥委会评估团到京,要求提供奥运场地适宜性评价报告。受规划局委托,我院应用北京岩土工程信息系统中的数据,用 GIS 软件的空间分析功能,在极短的时间内完成了关于奥运场地工程地质、水文地质方面的评价。这是利用系统中已有的地层、波速、水文等资料完成的地震场地类别区划图。

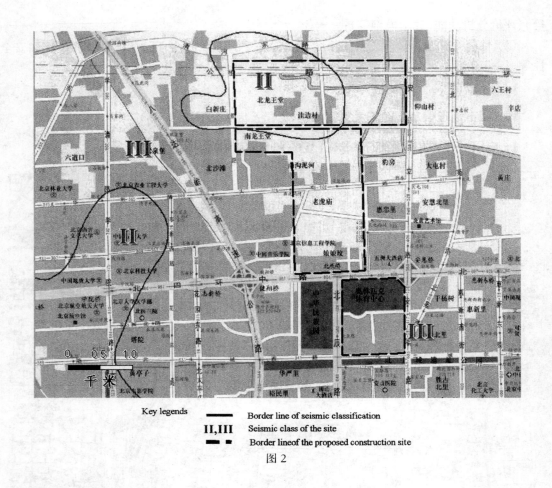

图 2

五、结语

城市建设地理信息系统方案要根据需求、规模、系统的分析能力、经济条件、开发能力、用户的使用能力，安全要求等各方面的因素综合考虑，取得最佳平衡。

工程建设地理信息系统标准化的初步研究

北京理正软件设计研究院　梁向春　萧 鈇　罗志强　卢 华

工程建设地理信息系统是地理信息系统的一个分支,是建设工程勘察、设计、施工和监理等急需的重要软件;工程建设地理信息系统的标准化不仅具有重要技术意义,而且具有明显的社会和经济效益。

一、需求

中华人民共和国国务院在 2000 年 9 月 20 日发布的建设工程勘察设计管理条例中规定,编制建设工程勘察、设计文件,应以下列规定为依据:

(1) 项目批准文件;
(2) 城市规划;
(3) 工程建设强制性标准;
(4) 国家规定的建设工程勘察、设计深度要求。铁路、交通、水利等专业建设工程,还应以专业规划的要求为依据。

编制建设工程勘察文件应真实、准确,要满足建设工程规划、选址、设计、岩土治理和施工的需要。编制方案设计文件,应满足编制初步设计文件和控制概算的需要。编制初步设计文件,应满足编制施工招标文件、主要设备材料订货和编制施工图设计文件的需要。编制施工图设计文件,应满足设备材料采购、非标准设备制作和施工的需要,并注明建设工程的合理使用年限。这些工作都需要有工程建设地理信息系统的支持。

为满足各项工程建设对工程建设地理信息系统的需要,制定工程建设地理信息系统的标准,即实现工程建设地理信息系统的标准化迫在眉睫。

二、原则

工程建设地理信息系统标准化的原则包括:

1. 移植性(portability):为了获得在硬件、软件和系统上的综合投资效益,系统必须是可移植的,使所开发的应用模块和数据库能够在各种计算机平面上移植。

2. 操作性(interoperability):一个大型的信息系统,往往是一个由多种计算机平台组成的复杂网络系统,有了标准,可以促进用户从网络的不同节点上获取数据,并实现各种应用。

3. 伸缩性(scalability):为适应不同的项目和不同的应用阶段,有了标准,可以使软件以相同的用户界面在不同级别的计算机上运行。

4. 通用环境(common application environment):标准应提供一个通用的系统应用环境,如提供通用的用户界面和查询方法等。利用这个通用环境,用户可以减少在学习新系统上所花费的时间,便于提高使用效率和生产率。

三、引用标准

引用标准包括软件标准、数据标准和地理数据标准等。

1. 软件标准

IS10746-1:XXXX,ODP 参考模型:概述。

IS10746-2:XXXX,ODP 参考模型:基础。

IS10746-3:XXXX,ODP 参考模型:体系结构。

IS10746-4:XXXX,ODP 参考模型第 4 部分:体系结构语义。

WD10746-4/AMD1,ODP 参考模型第 4 部分:体系结构语义的补充篇 1:计算形式化。

IS13235-1:XXXX,ODP 交易功能第 1 部分:规格说明。

IS13235-3:XXXX,ODP 交易功能第 3 部分:使用 OSI 目录交易功能的规定。

PDTR14466:ODP 中的规格说明技术的使用。

IS14750:XXXX,ODP 系统的 ODP 接口定义语言(IDL)。

IS14750:XXXX,ODP 开放分布式处理接口引用和联编。

DIS14769:ODP——类型知识库功能。

DIS14771:ODP——命名框架。

WD15414:ODP——参考模型企业观点。

CD15935:ODP——在开放分布处理中的服务质量。

DIS19500-2:ODP-GIOP/IIOP 第 2 部分:相关技术。

2. 数据标准

IS 5806:1984,判定表规范。

IS 5807:1985,文档编制符号和约定。

IS 6592:1985,基于计算机的应用系统的文档编制指南。

IS 8631:1989,程序结构和约定及其表示。

IS 8790:1987,计算机系统配置图符号和约定。

IS 11411:1995,软件状态转换的人际通信的表示。

IS 14568:1997,DXL:树结构图的图表交换语言。

WD15289,软件生存周期过程信息产品的内容指南。

DIS15437,增强型 LOTOS。

15474-1,软件工程数据定义和交换第 1 部分:概述。

15474-2/3/4,软件工程数据定义和交换框架(第 2、3、4 部分)。

15475-X,软件工程数据定义和交换传送格式(多个部分)。

15476-X,软件工程数据定义和交换集成元模型(多个部分)。

15477-X,软件工程数据定义和交换表示元模型(多个部分)。

15478-X,软件工程数据定义和交换 PCTE 模式定义集(多个部分)。

15479-X,软件工程数据定义和交换 IRDS 内容模块(多个部分)。

FDIS15909 高级 Petri 网。

3. 地理数据标准

地理格网 GB 12409—90。

基础地理信息数据分类与代码 GB/T 13923—92。

国家基础地理信息系统(NFGIS)元数据标准草案(初稿)。

全国主要铁路路线临时编号。

国家干线公路路线名称和编号。

全国高速公路、一级公路临时编号。

全国河流名称代码。

全国主要湖泊名称临时代码。

中华人民共和国行政区划代码。

中国周边国家和地区名称代码。

近景摄影测量规范 GB/T 12979—91。

工程测量规范 GB 50026—93。

工程摄影测量规范 GB 50167—92。

精密工程测量规范。

1∶500 1∶1000 1∶2000 地形图平板仪测量规范 GB/T 16819—1997。

地形图用色 GB 14051—93。

国家基本比例尺地形图修测规范 GB/T 14268—93。

1∶5000 1∶10000 1∶25000 1∶50000 1∶100000 地形图要素分类与代码。

大比例尺地形图机助制图规范 GB 14912—94。

1∶500 1∶1000 1∶2000 地形图图式(修订) GB/T 7929—1995。

1∶500 1∶1000 1∶2000 地形图要素分类与代码 GB/T 14804—93。

测绘基本术语 GB/T 14911—94。

摄影测量与遥感术语 GB/T 14950—94。

地图学术语 GB/T 16820—1997。

地理点位置的纬度、经度和高程的标准表示法(编码所) GB/T 16831—1997。

摄影测量数字测图记录格式 GB/T 17158—1997。

大地测量术语 GB/T 17159—1997。

1∶500 1∶1000 1∶2000 地形图数字化规范 GB/T 17160—1997。

数字地形图产品模式 GB/T 17278—1998。

省级行政区域界线测绘规范 GB/T 17796—1999。

地形数据库与地名数据库接口技术规程 GB/T 17797—1999。

地球空间数据交换格式 GB/T 17798—1999。

房产测量规范 第1单元 房产测量规定 GB/T 17986.1—2000。

房产测量规范 第2单元 房产图图式 GB/T 17986.2—200 等。

四、软件工程标准

工程建设地理信息系统标准属于软件工程标准。而软件工程标准体系包括专业基础、软件过程、软件质量、技术与管理、工具与方法、数据等方面;包括软件体系结构、体系结构语义、规格说明、规格说明技术的使用、接口定义语言、开放分布式处理接口引用和联编、类型知识库功能、命名框架、在开放分布处理中的服务质量、相关技术、风险管理、软件可信性、系统功能安全的风险分析、功能安全与系统相关的安全、软件过程评估等。

数据标准包括判定表规范、文档编制符号和约定、基于计算机的应用系统的文档编制指南、程序结构和约定及其表示、计算机系统配置图符号和约定、软件状态转换的人际通信的表示、树结构图的图表交换语言、软件生存周期过程信息产品的内容指南、软件工程数据定义和交换概述、软件工程数据定义和交换框架、软件工程数据定义和交换传送格式、软件工程数据定义和交换集成元模型（多个部分）、软件工程数据定义和交换表示元模型（多个部分）、软件工程数据定义和交换模式定义集（多个部分）、软件工程数据定义和交换内容模块（多个部分）等。

由于我国软件产业基础较差，特别是软件企业的软件工程意识比较薄弱，因此，有必要结合国情，面向管理人员、软件开发人员和软件质量保证人员，制定相应的软件工程标准。

五、工程建设地理信息系统标准化包括的内容

鉴于地理信息系统（GIS）是在计算机软、硬件的支持下，对有关空间数据按地理坐标或空间位置进行输入、存贮、查询、检索、运算、分析、显示、更新和应用、研究，并处理各种空间实体及空间关系的技术系统或技术实体；因此，地理信息系统具有采集、管理、分析和输出多种空间信息的能力，具有空间分析、多要素综合分析以及预测预报等多种应用分析、计算能力。

工程建设地理信息系统是建设工程勘察、设计、建设和监理的基础，是高新技术在工程建设领域的重要应用。本标准的制定将从根本上提高建设工程信息管理的质量和进度，改善建设工程勘察设计管理条例的规定。

由于工程建设涉及的领域广，部门多，涵盖的内容多，工程建设地理信息系统标准的内容也较宽，初步拟订的内容如下：

第一部分　总则。

第二部分　术语和符号。

第三部分　基本规定。

第四部分　GIS基础。

1. 地理。

2. 信息的分类编码。

第五部分　算法。

第六部分　解译。

第七部分　数据。

1. 数据要素及其定义。

A. 工程地质。

B. 工程建设。

C. 数据交换。

D. 数据精度。

E. 数据文件。

第八部分　GIS平台及相关技术。

1. 平台的体系架构。

2. 3S一体化。
3. 3矢栅一体化。
4. 跨平台分布式数据管理与计算。
5. Web GIS。
6. 海量数据无缝管理。
7. GIS重点算法。
8. 嵌入式GIS。

第九部分　应用软件的开发

1. 统的分析设计方法。
2. 统的总体结构。
3. 各子系统的功能。

附录A　工程地质数据框架及要素定义。
附录B　工程建设数据框架及要素定义。
附录C　GIS平台的软件体系结构类型。
附录D　工程建设类GIS应用软件体系结构类型。
附录E　本标准用词说明。

我国地理信息共享标准与环境的研究进展

中国科学院地理科学与资源研究所　刘纪远

一、地理信息共享标准化及共享环境建设的重要性

1. 地理信息共享的含义

地理信息共享指在政府相关机构的协调下,依据一定的规则和法律,实现海量地理信息通过网络技术的流通和共用。从实践的角度,地理信息至少包含4层含义:地理信息用户通过一定手段享用非己有的地理信息的资格、权利和义务;完整的机制可以生产实现地理信息共享需要的地理数据;地理信息共享需要的必要的设备、服务和管理环境条件;政府对发展和协调地理信息共享的调控权。

2. 地理数据共享的重要性

(1) 地理数据的自身特征导致只有共享才有高效益,地理数据是海量数据,其获取、制作、加工处理均需要庞大的硬件、软件环境和人力及巨大的财力支持,因而地理信息的生产具有高成本特点,地理数据一旦形成,其共享和使用则具有低边际成本的特点,这种高生产成本低边际成本的特点最适用于共享使用。

(2) 大量地理数据只有集中使用才能够解决复杂的地学及社会经济有关的问题,不论是作为地理学研究对象的地理过程,还是社会经济人口等有区域差异特点的现象,往往涉及许多诸多的地理数据,只有当这些数据比较齐全时才能取得可靠的结果。目前,我国的相关的地理数据分散到各个部门,相对孤立,只有建立起一定的共享机制和环境才能使这些数据发挥效益,为科学研究和国民经济发展做贡献。

(3) 地理数据生产部门与数据使用部门的不完全吻合,地理数据的生产往往有一些专业部门实现,而地理数据的需求则涉及国民经济的各个部门,这样就导致地理数据生产与使用者的脱节,只有建立起共享机制和环境采用保证地理数据从数据生产者向数据使用者的动态传递。

(4) 市场经济发展的需要,市场经济的发展和规范化使地理数据也可以向其他资源一样成为一种可以交换的产品,这不但要求有明确的犯规和政策保证数据共享的合法性,还需要有一定的设施和环境保证数据共享的进行。

(5) 科学研究的需要,20世纪60年代以来卫星遥感技术的发展,以及随后的空间信息系统技术的发展,特别是20世纪80年代以来以美国为首、欧洲、日本等国参与的全球对地观测计划(EOS),使地理学界对地球陆地表面的研究进入了一个崭新的阶段。陆地表面的空间特征和现代过程研究由于得到了完整的数据支持而进入定量化研究阶段;过去的点源数据和路线调查数据在空间仿真模型支持下得以连续空间化,可构成完整的人文、经济、气候、水文、陆地景观的空间型信息系统,并在时间上恢复重建有数据以来的现代过程,进而支持自然—人文交互影响过程的定量化研究。美国NASA的地球系统科学的提出与进展,

NASA组织的自然、人口、经济1公里栅格数据库均是该领域的前沿。IGBP、IHDP等全球变化研究组织在DIS(Data Information System)的数据支持下开展的多项全球环境变化研究计划,全面依托于陆地表面时空序列数据,构建定量模型,研究人地交互影响和趋动因子,以动力学理论指导趋势预测分析。这些计划和项目均需要共享数据的支持。

二、我国地理信息共享现状及存在的问题

1. 国际地理信息共享状况

地理信息共享早就引起了科研及社会经济各部门的重视。自1994年以来由几十个国家的专家组成的ISO/TC211专业委员会,正在为全球制订20个国际标准,促进国际信息交换与共享。这些标准由3方面组成,即:数据标准化(例如"空间数据交换标准")、技术标准化(例如"GIS软件互操作标准")和应用标准化(例如"GIS应用互操作标准")。

国外地理信息标准化工作大体可分为两部分。一是以已经发布实施的信息技术(IT)标准为基础,直接引用或者经过修编采用;二是研制地理空间数据标准,包括数据定义、数据描述、数据处理等方面的标准。就标准的级别和内容而论,国外地理信息标准分为五个层次,即国际标准、地区标准、国家标准、地方标准、其他标准。

国际地理信息标准是最高一层的标准,一般为推荐性标准,实用于全球各国。与地理信息国际标准研制有关的国际组织主要有:国际水道测量组织(IHO)、国际制图协会(ICA)、国际标准化组织下设的地理信息/地球信息业技术委员会等。与地理信息标准有关的最主要的机构是,编号为ISO/TC211。

2. 我国地理信息共享简况

1975年以来,我国展开制图自动化系统研制开发,探索建立地图数据库,1978年便有专家提出地理数据共享的问题。1980年中国正式开辟地理信息系统研究与应用领域。1983年国家科委即组建一个跨部门的专家组,对国内外地理信息标准与共享进行调查研究,拟以地理信息的国家标准来规范GIS的发展,达到系统兼容与信息共享的目标。1984年出版了俗称"蓝皮书"的《资源与环境信息系统国家规范与标准研究报告》,提出了中国发展地理信息系统和实现地理信息标准化与共享的方向。随后,建立了由国家计委、国家科委、建设部、中国科学院、国家测绘局、国家标准局等组成的领导小组和跨部门的专家小组,继续就地理信息标准化中的地理信息统一的数学基础、统一的分类编码标准、统一的记录格式标准和标准的数据转换格式等展开研究,提出建议。1986～1990年的第七个五年计划国家科技攻关项目中还专门设立了地理信息国家标准与规范研究的课题。由于种种原因,第八个五年计划和数据共享的要求迫切,呼声日高。各部委和若干省区继续展开研究,提出了许多建议,建立了一批国家、部门和省市的标准,在个别部门和省(市)已涉及建立政策与管理环境的问题。总的说来,从1983年国家展开地理信息标准化工作到1995年第八个五年计划结束,我国对地理信息标准、政策与立法这个主题,在标准化方面做了很多工作,而在政策与立法上只有非常零星的研究,基本上没有在国家层次上展开。

第九个五年计划开始,由于经济建设与社会发展的迫切需求,吸取了过去10多年间国内外的经验与教训;专家们的强烈呼吁,使地理信息共享问题的研究与实践成为国家科技攻关的重要内容,设立了"中国可持续发展信息共享示范研究"和"国土资源、环境与地区经济信息系统及国家空间信息基础设施关键技术研究"两个项目,经过5年的研究、示范与初步

实践,在地理信息标准、政策和立法方面取得了进展,对我国在信息共享的指导思想、政策环境和立法等方面,提出了建议或方案,积累了初步的实践经验,对从第十个五年计划开始,我国如何逐步实现地理信息共享方面有了一个比较明确的思路。

3．我国数据共享中存在的问题

地理信息共享的问题,虽然经过第九个五年计划期间的工作,做出了若干示范与实践,有了进步和发展,为进一步展开和深化奠定了必要的基础。但从整体而言,在地理信息标准、政策与立法与共享环境建设方面,尚存在若干需要解决的问题:

(1) 国家对地理信息共享的指导方针有待于进一步完整与明确。目前还没有建立起国家在地理信息共享的作用;

(2) 政府管理部门、科研机关和社会公众有强烈的信息共享要求,但缺乏明确的信息共享概念和理解,妨碍了对信息共享的指导与实施;

(3) 未建立起比较完整的国家地理信息标准体系。对已建立了的国家或部颁标准执行中存在较多的问题。信息标准化差,降低了信息共享的水平;

(4) 地理信息标准化的滞后和管理体制上的缺陷产生的又一个严重问题,国家投资建立的一批覆盖全国的地理数据库中,有相当数量缺乏严格统一的空间定位标准,使它们之间的兼容与覆盖产生了很大困难,影响了匹配分析和共享共用;

(5) 由于对部门利益的理解不正确、对信息共享的不正确观念,并受一定时期内对数据政策的误导,存在着严重的信息封闭、信息壁垒和信息垄断的问题,它是当前实现信息共享的一大障碍;

(6) 信息定价混乱,各自为政是影响共享的又一个重要原因。我国在 1997 年 12 月出台了《中华人民共和国价格法》,目前的地理信息绝大部分应属于该法中的政府定价和政府指导价的范围,但信息的价格几乎全由各持有单位随机而定,随人而定,没有标准;

(7) 不恰当的保密,或以保密为理由而实际是不恰当强调部门利益也妨碍信息共享。随着航天航空探测技术的进步,对地理信息的保密问题需要做必要的复核和调整。目前,既存在信息安全得不到充分保证的问题,又确实存在以保密为由,妨碍信息公开共享;

(8) 因为制度和缺乏持续投资的影响,地理信息及时与定期更新制度还未有明确建立。而国民经济发展和社会进步均很快,需求共享的信息必须有很好的现势性。目前信息共享中亦存在着现势性好的满足不了需要,过时的又不能满足共享需要。

三、我国地理信息共享平台环境建设

地理信息共享环境的建设至少包含三个方面的内容:可共享空间数据生产建设、指导和协调共享数据需要的法规和政策、地理数据共享需要的网络环境和技术。

1．可共享地理数据建设

1981 年以来,国家在科技攻关计划中连续安排了四个五年计划,将遥感技术应用列为重中之重项目或重大项目加以支持。连续四个五年计划以来,我国的遥感技术在应用方面取得了长足的进展。"六五"和"七五"计划期间,国家设立了黄淮海平原、黄土高原和三北防护林等一系列遥感应用项目,主要针对典型区域资源环境问题开展攻关。"八五"期间,中国科学院首次实现全国范围的资源环境遥感调查并开展了典型区动态监测与研究。

"九五"计划中,在国家重中之重科技攻关项目中安排了"国家级基本资源与环境遥感动态信息服务体系的建立"课题。该课题全面应用中国遥感卫星地面站接收和处理的陆地卫星遥感数据,在1:10万比例尺的水平上,对国家耕地面积每年的变化情况、全国各个土地利用类型(包括森林、水域、草地、荒漠、滩涂等)每五年的变化情况进行全面的动态监测,从中发现变化,并找出变化的主要原因,为国家提供科学依据和决策支持。

总体上,国家基本资源与环境数据库包括全国资源与环境本底数据库、动态监测和定期更新数据与信息服务体系三个有机组成部分,具体包括如下几个部分:

(1) 遥感影像数据库,依照1:10万比例尺专题地图的成图标准要求,考虑到遥感数据的可获取性与适用性,选取美国陆地卫星TM数字影像作为主信息源,共计选取了1995和1996年成像的520多景TM数据。数据库的更新和土地利用/土地覆盖动态监测以基本覆盖全国的1999~2000年度TM数据为主要信息源。TM数据无法覆盖的区域,参考中巴资源一号卫星CBERS-1的CCD数据,保证了全国覆盖。所有遥感影像均经过了几何精纠正,具有统一的坐标与投影体系,以单景存储,亦可以获得分县镶嵌图。

(2) 土地利用/土地覆盖专题图形数据库,土地利用/土地覆盖,包括土地利用与土地覆盖的变化,是人类活动作用于自然界的,在遥感图像上最为直观的现象,也是最能够体现空间遥感技术宏观快速优势的一个研究领域。为了满足大尺度土地利用/土地覆盖宏观调查与监测的要求,本数据库的土地利用/土地覆盖分类系统共分为二级,包括一级类型6个和二级类型25个,其中一级类型包括耕地、林地、草地、水域、城乡建设用地以及未利用土地,二级类型则根据土地的覆盖特征、覆盖度及人为利用方式上的差异做进一步的划分,例如林地进一步划分为有林地木、灌木林和疏林地,草地进一步划分为高覆盖度、中覆盖度和低覆盖度草地,这对于进一步研究植被变化、土地退化和荒漠化具有十分重要的意义。在地理信息系统和遥感图像处理系统的支持下,建立分区的地物判读标志,在计算机上直接进行解译,形成矢量图层。

(3) 野外考察数据,为了建立遥感影像判读标志和对结果进行验证分析,定期组织相应的野外考察工作,利用GPS相机形成了贯穿中国大陆7.5万多公里、每期8000张带有地理位置信息的地面景观数字相片,可以通过位置进行索引。

(4) 动态监测数据,动态信息的获取来自于不同期遥感影像的对比,依托于遥感、地理信息系统一体化软件,可以勾画出土地利用/土地覆盖动态图斑,形成动态变化数据库。我们在1:10万比例尺的水平上,对国家耕地面积每年的变化情况、全国各个土地利用类型(包括森林、水域、草地、荒漠、滩涂等)每五年的变化情况进行全面的动态监测,从中发现变化,并找出变化的主要原因,以提供科学依据和决策支持。"九五"攻关的成果,包括1995年以来每隔两年全国耕地和城镇面积的变化,以及2000年中国资源环境整体状况的数据,均以完全覆盖国土陆地部分的遥感数据作为基础,经过计算机人机交互解译,形成专题图件,然后定期更新,提取变化信息,技术路线成熟,已取得了有效的时空过程监测结果。

2. 标准与政策

地理信息有关的政策主要包含以下内容:

(1) 投资政策,国家确保对国家空间基础设施的基础性数据的开发、维护、分发和更新的持续投资。在政策宏观调控下,对个别国家空间基础性数据、大部分主要公益性数据、全部通用数据和历史数据鼓励多方集资,开辟国家投资、集体投资、"俱乐部"形式集资和"商业化"形式投资等多种形式投资渠道,界定各种投资的范围。

(2) 经营政策,允许和鼓励除国家渠道外的集体与个体参与数据的生产和经营。界定经营的范围。政府通过培训,资质审定,颁发许可证等办法促进和保证合法经营。政府通过融资,税收优惠政策来扶植或抑制经营。

(3) 价格政策,按照《中华人民共和国价格法》制定地理信息的定价方法。建议对国家空间基础设施的基础性数据实行无偿共享;对主要公益性数据大部分无偿共享,划出小部分实行收回部分成本的有限无偿共享;对通用数据由市场定价;对历史数据在一定时期内实行一次性的补偿收购,国家持续支持维护与更新,实行无偿共享。

(4) 安全保密政策,凡不能向社会公开提供的数据,不能储存在与 Internet 连接的环境下。它们在局域网状况下按 1995 年 1 月原国家科委和国家保密局发布的《科技保密规定》划分密级。密级划定由数据生产管理部门依法提出,由国家地理空间信息协调委员会专家委员会审评建议,国家主管部门批准。密级升降定期由国家地理空间信息协调委员会审评建议,国家主管部门审定,进行升级或解密。国家在"十五"初期组织一次对历史数据密级的再审核,进一步扩大数据公开共享的范围。数据安全是保证数据正常运转而不受损害。对技术事故和窃取行为应有预防对策和安全体系。有偿使用的数据应有加密措施。

(5) 信息公开政策,这是安全保密政策范围内的问题,鉴于科学技术的进步和数据壁垒的存在,国家有必要制订信息公开的政策。

(6) 信息保护政策,由部门、部位、个人在地理数据生产开发过程中形成的数据受国家法律保护。依照《著作权法》,数据产权需登记确认。数据在转移过程中无创新的,产权属数据提供人。有创新的,该共享使用人拥有创新部分的产权。产权人依法有公开权、署名权、加工权、数据完整权和转让中获利权。部门、单位从数据收费中提取不低于 20% 的比例奖励作出贡献的个人。确定数据保护期限,一般为 25 年。确定侵权追究责任。

(7) 鼓励竞争政策,打破目前严重存在的数据封闭、数据壁垒和数据垄断的局面,国家必须出台鼓励在数据生产、经营、转让和服务等方面的竞争政策,引入市场竞争机制。主要包括下列内容:明确哪些地理数据活动必须纳入公平竞争范围。例如包括生产、经营、转让和发布服务等。

(8) 认证和质量监督政策,建立数据生产、经营和销售的资质审查、认证制度,规定凭许可证从事信息共享活动。国家或主管部门制定完善的数据采集、加工处理和销售的规范标准。国家建立对提供共享数据的预查和质量认证制度。不合格的数据不准提供共享。国家建立对提供共享数据进行定期抽查、定期更新和周期清除失效数据的制度。

(9) 责权协调政策,主要界定和调国家、企事业单位和社会公众在地理信息共享上的责任和权利。国家要制订相应的信息持有者和信息用户的权利与义务。

分类管理政策,把目前的地理信息,根据我国的具体情况,从投资、经营、报偿、共享等方面的差异,建议分为四大类,制订不同的分类管理政策。数据分类管理对信息共享是一个很重要的政策。

我国地理信息标准的建设从 20 世纪 80 年代初期研究和发展地理信息系统的初级阶段,就吸取国外一些国家忽视标准化的严重教训,始终将地理信息的标准化和规范化作为 GIS 发展的重要组成部分,经过几个五年国家科技攻关研究和各部门在地理信息标准化方面做出了大量工作,已经取得了一定的进展。不仅提出了大量标准研究报告和标准方案,已经发布实施许多国家标准,如:

(1) 中华人民共和国行政区划代码(GB2260—99)。
(2) 县以下行政区划代码编制规则(GB10114—88)。
(3) 国土基础信息数据分类与代码(GB/T13923—92)。
(4) 中国植物分类与代码(GB/T14467—1993)。
(5) 林业资源分类与代码 森林类型(GB/T14721.1—1993)。
(6) 林业资源分类与代码 林木病害(GB/T15161—1994)。
(7) 林业资源分类与代码 林木害虫(GB/T15775—1995)。
(8) 林业资源分类与代码 自然保护区(GB/T15778—1995)。
(9) 中国动物分类代码 脊椎动物(GB/T15628.1—1995)。
(10) 中国土壤分类与代码(GB/T17296—2000)。
(11) 地下水资源分类与分级代码(GB/T15218—1994)。
(12) 地质矿产术语分类代码(GB/T9649—1988)。
(13) 固体矿产资源/储量分类(GB/T17766—1999)。
(14) 经济类型分类与代码(GB/T12402—2000)。
(15) 国民经济行业分类与代码(GB/T4754—1994)。
(16) 公路信息分类与代码(GB/T17734—1999)。
(17) 水路信息分类与代码(GB/T17735—1999)。
(18) 公路线路命名编号和编码规则(GB/T917.1—89)。
(19) 国家干线公路名称和编码(GB/T917.2—89)。
(20) 中华人民共和国铁路车站站名代码(GB/T10302—88)。
(21) 地球空间数据交换格式(GB/T17798—1999)。
(22) ……

另外，还形成了一系列已经制定但尚未评审和发布的国家标准及行业标准等，如全国河流名称代码、中国山脉山峰名称代码等。目前正在积极研制的有地理信息元数据、地理信息数据质量控制、地理信息分类编码体系，计划研制的有一致辞性与测试等。

3．共享技术

地理信息共享技术是地理数据共享的基础和保证，实现数据共享的技术主要包括地理信息共享的网络技术和共享条件下的信息管理技术。

(1) 地理信息共享的网络GIS技术，具体包括：
(2) 统计与观测站点数据的连续空间化技术；
(3) 数学模型与GIS集成研究；
(4) 组件地理信息系统(ComGIS)的系统集成技术；
(5) 构建复杂空间数据分析模型；
(6) 多源、无缝数据融合与共享技术。

海量空间数据的统一管理与存储技术。
共享环境下的地理信息管理技术，具体包括：
(1) 基于因特网的可持续发展信息的智能表达技术；
(2) 大容量空间信息传输的索引技术；
(3) 网络信息空间导航技术研究；

(4) 网上数据共享安全机制与管理技术研究；
(5) 面向国内外地理信息网的引擎构建信息分析技术；
(6) 地理信息决策模型的网络应用技术；
(7) 特定应用目标的数据库重组与数据快速处理技术；
(8) 网络版可视化多元统计分析软件。

四、结论

地理信息共享的问题，涉及面广，需处理调整的关系多，虽然从1996年第九个五年计划开始，国家设立两项科技攻关研究与实践，取得了进步和实验，但离信息共享的实现还很远。并且这些进步和经验都还需要进一步概括和验证，在地理信息共享政策方面有若干关键问题需要深入工作。

1．进一步调查分析政府、事业、企业、社团、公众在"地理信息共享"中的权益关系和互相作用；调查分析各部门、行业在"地理信息共享"中的权益关系和互动作用。

2．研究和制订国家对地理信息资源的投资政策方针。

3．处理地理信息公开与地理信息安全、保密、保护的矛盾，制定可实施的政策和管理办法，从强调信息公开角度，修订各类地理信息的"密级"划分、加密、解密和"密级"升降的规定；从强调信息公开角度，并遵照信息保密规定，划分各类地理信息的用户范围，消除或减弱地理信息"壁垒"，提高公众对地理信息的共享意识和要求。

4．制订划分无偿共享与有偿共享界限的可操作准则。原则上按投资来源划分，如纯用国家财政拨款开发和维护的地理信息应提供无偿共享。

5．调研各部门、行业有偿地理信息的现有价格水平，制订可操作的有偿地理信息定价标准，消除或减弱地理信息"垄断"。

6．按社会效益和经济效益划分地理信息类型，制订对不同类型地理信息产业和地理信息研究项目的投资方针。加强国家对高社会效益和高经济效益的地理信息产业和地理信息研究项目的投资，鼓励和吸引国内外企业对各类地理信息产业和地理信息研究项目的投资，推动地理信息进入信息市场。

7．确定地理信息持有者和地理信息用户的权利和义务问题。

8．研究地理信息集中共享和分布共享的配置问题。

9．筹建"地理信息共享"管理机构，确定该机构的组织和权限及其与地理信息持有者的责权关系。

10．设计网络环境下"地理信息共享"的运行细则(保密措施，权益保护措施等)。

11．制订有关"地理信息共享"的监督和奖惩细则。

地理信息共享应该是一个可持续的过程。就空间数据库运行系统本身，也需要一个产生和发展的过程。只有力求不断增加目前已有地理数据库及数据库系统的内容，完善数据的组织，提高信息服务质量和应用的深度与广度，才能真正实现地理数据共享。

参考文献

[1] 何建邦，蒋景瞳，池天河．地理信息共享环境的研究与实践——营造地理信息共享政策．标准与技术环境

［2］ 何建邦，柯正谊等．国家地理信息共享政策框架意见．资源科学．第23卷，第1期，17~22
［3］ 何建邦，李新通，柯正谊等．地理信息共享的政策．管理与立法研究
［4］ 刘纪远等．中国资源环境的遥感宏观调查与动态研究．北京：中国科学技术出版社，1996
［5］ Liu Jiyuan. New Development of Remote Sensing Application in Chinese Academy of Sciences——A brief Introduction of Project "Remote Sensing Investigation and Dynamic Study on Resources and Environment in China", the 25th International Symposium, Remote Sensing and Global Change, Graz, Austria, 4-8 April 1993.
［6］ Liu Jiyuan, Zhuang Dafang, Ling Yangrong, 1998. Vegetation Integrated Classification and Mapping Using Remote Sensing and GIS Techniques in Northeast China, Journal of Remote Sensing, Vol.2, No.4, pp 285~291
［7］ International Geosphere-Biosphere Programme, 1990. Global Change: Report No. 12. Stockholm, Sweden: IGBP Secretariat.
［8］ J.E. Vogelmann, T. Sohl, and S.M. Howard, 1998, Regional Characterization of Landcover Using Multiples Sources of Data. PE&RS Vol.64, No.1
［9］ Jesslyn F. Brown, Thomas R. Loveland, James W. Merchant, 1993. Using Multisource Data in Global Land-cover Characterization: Concept, Requirements, and Methods. Photogrammetric Engineering & Remote Sensing. Vol. 59, NO. 6
［10］ Thomas R. Loveland, James W. Merchant, Jesslyn F. Brown, 1991, Development of a Land-Cover Characteristics Database for the Conterminous U.S. PE&RS Vol.57, NO.11
［11］ Tucker, C. J., J. R. G. Townshend, and T. E. Goff, 1985. African Land-cover Classification Using Satellite Data: Science, Vol. 2227, No. 4685
［12］ Turner II BL., Skole D. Sanderson S et al. Land-use and land-cover change science/research plan, IGBP Report No. 35 and HDP Report No. 7 Stockholm: IGBP, 1995

GIS 技术在市区级环境事故应急处置系统中的应用

　　张家口市环境信息中心　　　　　赵　强　唐　渝
　　中科院地理科学与资源研究所　　刘高焕
　　北京宇图天下科技有限公司　　　姚　新

　　随着社会经济的不断发展,环境污染事故时有发生,例如:1993年发生的洋河流域农田污染,1999年发生的氰化钠翻车事故,以及2000年发生的沙城地下水污染事故等等,给国家和人民带来巨大的损失。由此可见,建立环境事故应急处置系统势在必行。环境事故应急处置系统的建立是保障人类社会、经济和环境可持续发展的重要措施之一,也是不可缺少的组成部分。而地理信息系统(GIS)是一种用于存贮和处理空间信息的计算机系统,它通过分析信息的空间分布,监测不同时段的信息变化,比较不同的空间数据集和其他各种信息,实现对空间信息及其他各类信息的有效管理,使大量抽象、枯燥的数据变得可视化和易于理解,将 GIS 技术引入到环境事故应急处置系统中是非常必要的。

一、目的和意义

1. 目的

　　应用先进的地理信息系统技术和数据库管理技术,以地理信息处理为手段,将市区级所有的环境污染隐患的信息,详细地显示在电子地图上,使查询更为方便快捷。

　　在此系统基础之上,结合事故发生时的现场状况,例如:地形、气候、周边环境等自然因素等,对环境信息进行科学的整理和分析,提出合理的处置预案,以避免更严重的损失发生。

　　在近期内,以市区级辖区范围内所有存在环境污染隐患的单位为主,污染隐患单位主要包括:市区级的管道煤气供应系统,液化气管道供应住宅区,液化气站供应站点,所有的化学品、危险品仓库,以及存在环境污染隐患的重点企业单位,将以上单位的空间位置信息、特征信息以及各种污染因素的主要污染物、扩散范围、周围的地理信息(地形、地貌)搜集、整理、建立起地理信息数据库,通过环境事故应急处理系统进行有效地组织和管理,再经过系统的分析和处理,提供一个处置预案。

2. 意义

　　本系统的建立,将具有污染隐患的各类信息可视化地体现在电子地图上,更加直观且易于理解,同时通过 GIS 的空间分析功能,可以提供一个较为全面、合理的、可行性强的处置预案,并为后续综合型、专业型的信息系统的进一步开发和建立打下坚实的基础,并积累经验,为有关政府职能部门对环境事故的处置提供科学依据,从而增加相关职能部门的快速反应能力。

　　应用先进设备和软件技术,通过 GIS 技术和数据库管理技术,以地理信息处理为主线,建立市区级的环境事故应急处置系统,并通过该系统为决策者提供科学合理的处置预案。

二、系统框架及功能

1. 系统框架

根据目前本地区的环境事故应急处理系统的应用现状,本系统的基本结构如图1所示。

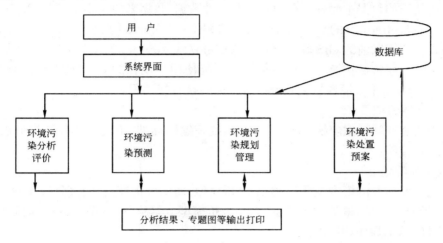

图1 系统的基本结构

2. 系统功能

(1) 基础特征信息的显示功能

在市区级电子地图上,以各类数据为基础,显示出各环境污染隐患单位的基础信息和各特征污染物的基本信息。

(2) 地理信息的显示功能

在电子地图上显示出各环境污染隐患单位的空间地理位置分布图,并按照有关标准进行分类。

(3) 环境污染情况的分析评价

根据不同时期的环境污染数据和当前最新数据环境污染数据,利用GIS技术和数据库技术进行空间分析、回归分析、趋势分析、主成份分析、因子分析、聚类分析、判别分析等。

(4) 环境污染预测

用不同时期的环境污染数据进行比较,得出环境污染增长和减少规律,根据现有地理数据的变化程度,预测环境污染的发展趋势。

(5) 环境污染规划管理

根据市区级城市的污染指标,结合现有污染数据,对各个污染源进行宏观的调控管理,包括污染总量达标、污染浓度达标等的规划与管理。

(6) 处置预案的功能

在以上数据的基础上,显示各种辅助信息资料,如:气象、地质等,以及环境事故的扩散范围、速度、覆盖面等,并通过分析软件及时为领导提供处置预案。

(7) 查询与输出功能

系统对入库的数据(文字数据、图形等)进行目标交互式查询,统计分析并制作相应表格和各种专题图,并有统计图样和信息打印输出的功能。

三、系统建设的关键技术

1. GIS 数据库的建立

(1) 多源数据处理

系统所使用的数据主要分为空间数据和属性数据,数据来源于多个部门,在格式上有很大的差别,如:ArcInfo7.x 的 Cover,ArcView 的 Shape,Mapinfo 的 Mif,AutoCad 的 Dxf 等多种数据格式。使用以前的 GIS 软件,例如:ArcInfo7.x、ArcView3.x、Mapinfo5.x 等,对于多源数据在系统中通常需转换成一种数据格式才能使用。现在的 GIS 软件,如:ArcInfo8.x、Geomedia4.x 等,对于多源数据在系统中可不需转换直接调用。

(2) 应遵循标准

系统中所有空间数据应统一坐标系、使用统一编码标准、不同比例尺数据分层一致、使用统一的质量控制体系。

2. 模型库的建立

在系统中所涉及的模型主要有:空间分析模型、回归分析模型、趋势分析模型、主成份分析模型、因子分析模型、聚类分析模型、判别分析模型、污染预测模型等,各个模型形成 DLL 和 OCX 文件,供主程序调用。

3. 系统集成

系统集成主要采用方式为:VB(Delphi) + GIS 图形控件 + 专业模型,集成框架如图 2。

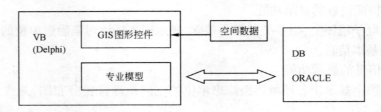

图 2 系统集成框图

四、GIS 技术在市区级环境事故应急处置系统的应用前景

将 GIS 技术应用于环境信息处理系统,可使环境信息的管理水平上升到一个更高的层次。它使环境的基础信息及环境管理信息以可视化的图形、图像方式呈现给决策者、管理人员及研究人员,并且以此信息为基础,完成对环境的评价分析、预测和规划管理,以及对某些重大的环境问题及时进行预警和防范。随着中国加入 WTO 和 2008 年奥运会的申办成功,和国家信息化系统建设的逐步深入,我国经济、社会发展,环境问题越来越受到重视,GIS 技术在环境管理决策中的应用有着广泛的发展前景。

地质矿产信息标准化问题探讨

国土资源部信息中心　赵精满

我们国家已经明确提出了实现信息化带动和促进现代化的国策,这是十分正确的,也是重要的。建设行业信息化也是国家实现信息化的重要有机组成部分,召开标准化研讨会,对建设行业信息化工作健康、有序进行,以实现统一标准、共建共享是很有意义的。国土资源部也正在为实现信息化而努力,加大了经费投入、重视标准化工作。本人多年从事地质矿产领域信息标准化工作,在此介绍一下地矿标准化概况,并结合在标准化工作中的一些体会与诸位讨论。虽然各个领域在内容和形式上各有不同,但在实现信息标准化方面具有许多共性特点,是可以互相借鉴的。

一、地质矿产信息标准化概况

1. 地质矿产领域的数据特点

众所周知,地质工作是研究地球(主要是地球表层)运动和演化的规律及其特征,达到认识并寻找地球为人类利用的资源,避免或减少地质环境和灾害给人类带来的威胁的目的。可以说,地质工作本身就是地质工作者利用一切感知能力和手段采集地球运动(以亿万年计)留下来的地质信息,通过大脑和各种工具对这些信息进行分析、加工,寻找规律,最后得出结论性的认识的过程。地质信息有以下特点:

(1) 内容多而结构复杂,包括肉眼观察、仪器测试、化验、鉴定结果,涉及物理的、化学的、生物的,宏观的、微观的,定性的和定量的等等;

(2) 由上述可见,地质信息其精度不一、量纲各异;

(3) 地质信息是多维的,至少除了三度空间,还要加上跨度从几万年至数十亿年的时间轴,而三度空间属性并不像地形测量或气候监测是可以直接观测的,在地表以下的部分只能依靠局部工程手段探知;

(4) 过去地质工作的各工作阶段、各工种都有相应的生产规范,其特点就受了前述特点的制约,特别是那些描述性的地质信息就具有笼统性和模糊性,加上工作人员的经验、知识水平的不同,描述信息具有一定的随意性,就给用计算机管理和应用增加了难度。不经过标准化,就很难实现信息化。

2. 地质矿产信息标准化现状

地质工作在标准化方面一直受到重视,因为地质工作是一项投入大、周期长、见效慢的工程性项目,无标准的生产、其结果是不可想象的。每项工作从设计、施工、编写报告直至验收都有标准可遵循。这样的标准有数百个。但这些标准离实现信息化有很大差距。

从20世纪70年代计算机引进后,地质工作中首先用于物理勘探和化学勘查方面。从而信息的标准化也就先行了,主要在数据处理及管理的标准方面。到20世纪80年代,当数据库技术引进后,首先在科研单位建立了不少专项属性数据库,并各自制订了建库标准,包括确定指标体系、指标定义和数据结构等。

至20世纪80年代中,在科研单位试建数据库的过程中,通过出国人员考察,及国外专家来我国讲学和交流,使我们认识到,制订地质信息标准的必要性和重要性。发达国家建数据库的工作比我们要早多年,也多是以项目方式单独进行。当数据库数量建立到一定的程度,以及信息共享的需求不断地提出的时候,发现由于没有制订统一的标准,数据几乎无法实现共享。在这种情况下,当时的地质矿产部决定立专项制订统一的地质矿产信息分类代码标准。于1985年~1988年制订了GB 9649—88《地质矿产术语分类代码》国家标准。该标准由20多个单位百余名专家、教授共同努力,历经三年,制订了覆盖地矿领域包括35个学科计10万词条的大型基础性信息标准。在此基础上,进一步掀起了建立各类专题数据库的高潮。

进入20世纪90年代以来,已陆续建立了几十个全国性大型专题数据库和1/500万、1/50万、1/20万地质图矢量数据库。制订了相应的数据库建设标准。GB9649《地质矿产术语分类代码》国家标准就成了这些数据库标准制订的基础性标准,同时,在建库标准化过程中,也为进一步修订该项国家标准提出了修改和增补的需求,现正在进行修订。

随着数字信息的积累,为了对多源信息加强整合、综合利用和管理,为了给更多用户提供信息服务,实现信息共享。近两年又着手进行地质矿产数据模型的研究,并积极采纳国际标准制订适合国土资源信息特点的元数据标准。针对以前标准化工作中协调工作不够、不配套、不完整的问题,又进行了标准参考模型的研究制订工作。

以上,概括地叙述了地质矿产领域信息标准化的进展过程和主要内容。

二、地质矿产信息标准化工作中的几点体会

标准化工作是社会经济发展过程中提出的需求,信息标准化是随着社会进入信息时代而提出的任务,也促进了信息化的发展,二者互相促进发展。但社会生产力的发展是各项事业发展的动力。从地质矿产信息标准化的进程就可以看出这一规律。我国是实现信息化的后来者,一些发达国家已远远走在我们的前面,我们为迎接世界的挑战,只能奋起直追。尽管事物发展有自身的规律性,但我们后来者完全可以借鉴先行者的经验,吸取他们的教训,而做得更好一些。

1. 标准化工作的时机问题

一般来讲,一种新的需求仍属个别和局部范围时,有关的标准化问题不易提到议事日程,因此,总体相对滞后。当标准制订项目确定之后,不仅考虑当前的需求,还要从长远的需求考虑,有一定的预见性。因为生产的发展、科学的发展是有阶段性的,预见性也不能凭空想象出来。即使此时为超前的内容,随着事物的发展它又赶不上新的需求了。标准就要适时修订。

我们在制订GB9649国家标准时,吸取了国外的经验教训,注意组织各方面的高水平的生产、教学和科研人员投入到标准的编制工作,又广泛征求各方面的意见,既反映了当前生产和科研水平,又适当注意了具有一定的超前性的内容。执行数年后,又根据需求的轻重缓急陆续组织了修订工作。使这一基础性标准保持其先进性和稳定性。

2. 编制基础性信息分类标准注意系统性与完整性协调

在一个领域内,信息分类编码标准是基础标准,它可以派生出一系列建库标准,注意信息分类编码标准的完整统一性、科学性和实用性相结合是很重要的。我们在立项制订 GB9649 国家标准时,注意调查了国内外现状及经验教训。到 20 世纪 80 年代中期,美、加等国在地学领域建成了一批数据库。因为是以项目形式进行的,标准化工作并未能统盘考虑,而当需要用别人的数据时,发现几乎是不可能的,要用就需要编制若干转换标准,这样可能不合算,因而重复采集数据的浪费现象就不可避免。我们意识到应避免重复少走弯路,于是采取统筹考虑,全面覆盖地质矿产领域所有信息来编制这项标准。虽然从编制分工的考虑采用了学科分类,但全体编写人员先后三次就内容的划分进行协调,既保持每个学科的完整性,又兼顾整体的先进性和完整性,做到不重复、不遗漏,使之成为一个有机联系的整体。这为数据的整合与共享提供了技术基础。

3. 标准编写质量要有组织保证

制订标准是一项科学研究工作。不仅要按标准制订程序一丝不苟地去做,遵循合理的技术路线,还应有组织保障。一项标准的执行不是孤立的,往往会涉及前、后、左、右各方面的利害关系,为了求得最佳的生产和社会秩序,标准的内容必须顾其科学性、先进性和实用性、适用性。特别是信息化标准,它比产品标准要求更多一些。项目组成员要有熟悉专业的技术人员,即懂得生产流程和技术要求,又要有懂得标准化工作的人员,知道如何保证标准质量,同时要有懂得信息技术的人员等,或者是复合型人才,不然就会出现顾此失彼,使标准的内容不能得到有效的遵守执行,也就达不到标准化的目的。我们就曾有过这样的经历,在制订和审查一项标准时,因没有懂得计算机的人员参加,本来应采用多层次嵌套式数字编码,以方便分层次检索的需要,而采用了从头至尾编码的方法,当使用时,计算机人员只得重新编码。在国家标准中也不乏这样的例子,在将国际标准等同采用翻译时,由于翻译人员不熟悉标准的专业内容,翻译出来使专业人员倒看不懂。这样的教训应该吸取。

4. 指导性标准宜先期制订

在国家标准的制订中,首先应制订 GB1.1,GB1.2,GB1.3 等指导性标准。同样在一个领域内也就有一些起指导性作用的标准。据了解美、加、澳等国,在信息标准方面,正回过头来制订具有指导意义的领域内数据模型和标准化参考模型,这对整合已取得的数字信息,实现信息共享,无疑具有重要性,国际标准化组织,如 ISOTC211 地理信息国际标准化技术委员会也在开展这方面的工作。我们借鉴他们的经验、教训,在制订信息化标准时,可先抓紧制订如数据模型和标准模型这样具指导意义的标准。前两年建设部参加编写的《城市地理信息系统标准化指南》,就城市地理信息系统建设中标准化的涉及的内容进行了多方面的研究,具有一定指导意义,在标准化方面提出了一个初步的标准体系,还未对标准模型进行研究,究竟哪些标准需要首先重点制订,相互之间的关系如何还是需要回答的问题。

我部在这方面也刚刚立项开展研究,也还没有完成,还不能说得更详细和更充分,只是意识到其具有重要意义,提出来供参考。

三、地质矿产信息分类标准内容可与建设部共享

GB9649 国家标准中,包括工程地质和水文地质的内容,这是建设工程中经常遇到的内容。

工程地质内容包括：区域工程地质、工程地质勘查、岩土成分与岩土结构、岩土实验、土体工程地质、岩体工程地质、地质灾害及工程地质调查等。涉及各类工程地质勘查对象的基本属性及相关描述性属性的数据分类及代码，计万余词条。

水文地质内容包括：水文地质调查、水文地质钻探、野外水文地质试验、地下水动态与均衡、地下水动力学、水文地球化学、岩溶水文地质等。

工程地质与水文地质工作中所采集的数据，在建筑行业、在工程施工中是不可缺少的重要内容，在解决基础和地基的稳固性，承载力和防水性能等方面的论证是不可缺少的基础数据，其中涉及的专题属性及信息分类编码是比较全面的，当然还可以补充完善。

在建设工程地质数据库和水文地质数据库中已得到采用，并且已在标准批准发布执行几年后，于1996年又修订了一次。

城市基础地理信息系统建设
若干关键问题的探讨

适普软件有限公司　张生德

我国目前的城市基础地理信息系统比较落后、无序,从技术上和管理上都亟待改善。首先,缺乏数据标准和工程标准,难于实际使用和信息共享;其次,技术相对落后。目前城市空间信息基础设施建设的数据采集主要用普通航测,航片成图后再数字化,用工多,更新慢。所以,城市基础地理信息系统建设是城市信息化的当务之急。

一、总论

城市基础地理信息系统建设包括城市空间信息基础设施、行业空间数据工程、数据获得和更新体系、数据库体系、网络体系和动态监测体系等,同时运用地理信息系统 GIS、全球定位系统 GPS、遥感系统 RS 和数据库管理系统 DBMS 等技术。

国际上城市地理信息系统始于 20 世纪 70 年代初期。经过 20 多年的发展,已经成为发达国家城市现代化的标志和重要基础设施,广泛用于城市规划、设计、建设和管理,成为解决城市重大问题和应付突发事件的现代化手段。

美国已经成功发射 1m、0.61m 分辨率的民用卫星,为城市基础地理信息系统建设提供稳定的数据源;我国也成功发射了高分辨率的资源卫星,并有相应的处理系统,加之航空遥感系统,可以支持城市基础地理信息系统建设。城市基础地理信息系统的主要内容包括:

1. 城市空间信息基础设施

城市空间信息基础设施建设的目标是建立、维护和使用一个空间信息框架。这个空间信息框架建立在分布式网络基础上,有共同的几何参考坐标系,公共的基础框架信息,共享的知识库,支持快速的空间数据集成。基础框架数据有大地测量控制、正射影像、数字高程、行政单元、地籍和水文等。

空间信息资源包括各种类型的数字地理信息和空间参考信息:电子地图、地质图、数字影像、三维图形和多媒体信息等,存储在空间信息框架的分布式空间数据库和数据仓库。

2. 行业空间数据工程

在上述基础框架上,规划、地籍、交通、电力、通讯、水利、旅游、生态、农业、抗灾、金融、商务和政府、企业、社区、楼宇等专业用户登记和编辑各自的空间专题数据及其属性数据,构建行业空间数据工程。

数字规划是数字化、现代化的城市规划系统。

数字地籍是数字化、现代化的城市地籍系统。

水是城市的命脉。水资源开发、利用和保护,水利工程是重要应用领域。建设地表水和地下水及其运动发展的数字水体系,解决水资源和水利工程的重大问题。

数字交通运输国外叫 ITS，虽起步较晚，但发展迅猛；包括城市交通运输的智能化、城市间交通干线的智能化、物流组织、设施建设、综合运输规划等。

数字电力包括发电、输电、送电、配电、用电等及其相应的信息系统－EMS、DMS 等。

数字通讯是现代社会的特征，系统加速通讯设施的规划、建设和管理。

数字旅游包括数字旅游图、数字旅游景点影像和数字模拟旅游等。

数字生态是生态环境的数字表征，包括生态环境地图、生态环境参数，生态环境历史、演变，生态工程规划、设计和建设的空间和属性数据等。

数字抗灾包括地震监测和抗震，火灾监测和预防，地质灾害、干旱、洪涝、冰雹、低温和病虫害等。系统为灾害的研究、预防和治理提供可视化的完整信息，架设先进实用的交换网络，使防灾、抗灾提升到新的水平。

数字政府也是电子政府，使政府在决策和服务中采用现代信息技术和网络系统。在新经济成长中，政府提供推动力是完全必要的。再也不能容忍"等着瞧"的态度。只依靠市场的自发性是危险的。政府有责任发出信号，以开始做出集体的巨大的努力。

数字企业是企业机构和企业活动的数字化，成为数字经济和信息社会的重要单元。

数字社区是社区的数字化，成为信息社会的组成单位。

数字楼宇是楼宇的数字化，是数字社区的组成单位。

3．数据获得和更新体系

运用机载数字遥感系统和中巴资源 1 号卫星、中国资源 2 号卫星等遥感系统 RS，全球定位系统 GPS 等，获得和更新数据，使系统具有准实时数据。

4．数据库体系

数据库体系是工程的核心，包括共享数据库、行业数据库和数据集元数据库等。共享数据库又包括基础空间数据库、基本数字数据库、遥感影像库和公用专业数据库等。

5．平台互操作体系

在城市基础地理信息系统中存在着大大小小的各种异质平台、异质操作系统、异质行业软件等系统，城市基础地理信息系统不但存在着数据共享问题，同样存在着这些异质平台如何进行互操作的问题，只有这样才能大大提高软件复用的效率，节省城市信息化建设中的资源。

6．网络体系

工程建在网上，网络体系是空间数据查询、交换和更新的基本途径，提供大众和专业空间信息及其相应其他信息服务。并建设城市空间数据交换中心和交换网络。

建设城市基础地理信息系统信息获取、处理、开发中心，城市空间信息交换中心。

7．动态监测体系

高分辨率卫星对地遥感数据、航空遥感数据与 GIS、GPS 数据、基本和专业数字数据相结合，对地面覆盖、城市发展、生态环境、交通、电力、电信、水利和灾害等实施有效监测。

二、问题

城市基础地理信息系统建设有一些急需解决的问题：

1．城市空间基础信息缺乏

国家测绘局在"八五"和"九五"期间先后完成了全国 1：100 万、1：400 万和 1：25 万地形数据库(基础地理信息系统)的建设工作,已为 30 多个部委、国际组织和其他机构提供了信息服务。一些应用系统,如国务院综合国情信息系统、人口普查信息系统和一系列的专题地理信息系统等,对全国和区域性的发展决策提供了重要依据。

相比之下,城市大比例尺空间基础信息严重不足,信息服务水平低。大部分城市目前还没有数字化地图,有了数字化地图的城市也数字化地图的适时性差,没有建立合适的数据更新机制;城市各部门由于利益的驱动,基础信息互相封锁,造成数字化作业的重复进行;还由于数据格式、数据结构等方面的差异,城市之间信息共享水平低,给国家城市空间信息基础设施,全国城市规划、建设、管理与服务的数字化工程建设带来许多技术方面的问题。随着我国城市的迅速发展和城市化进程的加快,上述问题还将进一步严重化,成为影响我国城市信息产业发展的重大障碍。因此,建设国家"城市基础地理信息系统",组织制定和实施一系列的技术标准和规范,指导和协调全国各城市的空间信息基础设施建设,可以从体制上根本解决这一非技术问题,为城市空间信息的产业化发展奠定基础。

2. 城市空间信息大多采用地方坐标系,不统一

3. 没有城市空间数据标准和工程标准

4. 没有城市基础地理信息系统技术平台

该平台是具有 GIS、GPS、RS、DBMS 功能的集成地理信息功能平台、并有中国数字城市网站、Web-GIS 可视引擎、三维信息重建与三维可视化引擎等;可以实现城市数字化上网,旅游景区三维上网,数字家庭上网,企事业单位上网,房地产上网,地理教育上网和信息交换等。

5. 没有城市基础地理信息系统数据平台

总之,城市基础地理信息系统建设急需制定标准、建设系统、构造网络、形成中心、定期更新、实际运行。

三、对策

1. 加强基础研究

(1) 总体框架研究

包括系统建设的原则、构成要素、与国家公用网络的连接、信息平台设置、应用系统的设计要求以及信息安全机制与技术保障等。

(2) 信息服务和产业化的目标、政策和运行机制研究

研究和制定城市空间基础信息特别是大比例尺(1:100~1:10000)地图的数字化生产、管理和服务方面的有关政策和市场服务机制;研究空间数据共享和使用许可的相关政策等。

(3) 国家空间信息基础设施技术和标准在城市的实施和延续问题

研究国家空间信息基础设施建设中制定的各类技术标准、数据标准等在城市的适合性和连续性问题,并制定详细的实施导则和配套规范。

(4) 城市信息分类编码的标准和规范研究

研究和制定城市数字化工程中各级、各类和空间、非空间数据的分类编码方法和方案,逐步完善为国家标准。尽快完成城市"大比例尺数字地形图生产技术体系"的产品标准和作业规范,明确大比例尺数字地形图数据记录格式、数据交换格式、地形图数据文件组织形式、数字地形图产品模式,编制与数字化生产技术新工艺一致的操作规程和作业规范等。

2. 加强关键技术创新研究

(1) 城市数据采集技术的研究

包括数字摄影测量系统(VirtuoZo NT 等全数字化摄影测量系统)的推广,数字地面测绘与空间数据技术的集成与开发,城市大比例尺空间基础数据的表现形式,城市大比例尺空间专题数据的表现形式等的技术研究。

(2) 城市数据库建设技术的研究

城市数据库属于地理数据库,技术发展很快,急需研究和应用;同时开展城市规划、建设、管理与服务的全要素基础和专业数据库的建库技术和实施策略研究。

(3) 城市地物的智能检测与分类技术系统建设

充分利用模式识别等智能技术,解决城市建筑物、道路等结构信息的提取问题,为大比例尺影像的地物提取提供一个有较高自动化程度的软件系统,提高城市遥感制图的生产效率和数据精度。

(4) 城市规划空间决策支持系统(城市规划支持系统)研究

国际上在这方面的研究还没有取得较大的技术突破,结合我国城市规划的管理体系和规划技术研究现状,我国在这方面的研究和产品开发有望在国际上居于领先地位。因此,尽快开展系统建设中的一些关键技术如规划数学模型和空间实体模型的表达、处理、提取,数据、模型、图形、智能化知识之间的匹配、转化和连接等的研究和技术开发。

(5) 城市空间景观和城市规划空间景观的表现

研究和开发三维 GIS 与虚拟景观模拟(IMAGIS 三维可视地理信息系统等)、超媒体表现技术等的完全集成技术和产品,全面推动城市规划、建设和管理的信息表达和技术发展。

(6) 图形图像数据配准融合研究

由于各种不同空间分辨率的遥感器相继投入使用,如何将其遥感影像配准,融合和纠正,以便更充分有效地利用遥感影像的信息,成为至关重要的问题。遥感影像配准融合系统(CyberLand 等)集摄影测量,数字图像处理和计算机技术为一体,综合性,多功能。可以实施高速,高精度的密集点匹配。尤其对山区倾斜摄影的遥感影像,仅靠几十乃至几百个控制点进行配准,其结果不可能好,在其基础上进行融合,往往影像出现模糊与重影的情况。CyberLand 可在任意两个同地区的影像上快速匹配出密集的,均匀分布的,高精度的同名点,点数可达数万乃至数十万,通过采用小面元微分纠正,可以从根本上避免融合后的影像出现模糊与重影的情况。

可以实施高效率,高精度的影像纠正,对多种卫星影像进行纠正,提供多种纠正方法;对一景 SPOT 影像的 DEM 精纠正,只需相对 DRG 选 5~8 个均匀分布的控制点,所得正射影像的检测中误差一般不超过 1.5 个像素。

Go2map 的 WebGIS 中间件在建设行业的应用

新图形天下软件(北京)有限公司 谭 方

一、Go2map 简介

新图行天下软件(北京)有限公司(Go2map Inc.)是中国最著名的地图服务解决方案提供商,在广泛的领域提供地图应用服务,为包括上海市公安局黄浦分局、北京市经济信息中心、北京电信、北京公交、中国农业银行上海分行、中国石油天然气股份有限公司等在内的多家知名企业提供过地图系统解决方案,拥有丰富的电子地图服务运营经验和开发经验。

作为中国地图服务市场的领导者,Go2map 第一家推出了标准的地图服务系统应用程序接口(API),第一家提出了"地图服务 ASP"的概念,第一家推出了 WebGIS 中间件。

作为国内第一个推出的 WebGIS 中间件,Go2map 的旗舰产品:G2MEngine 在建设行业有着广泛的应用。

二、第一个 WebGIS 中间件:G2MEngine

在建设行业的各项工作,如城市规划、城市建设、房产管理、市政管理等工作中,有大量的信息是和地理信息有关的,因此,基于电子地图的地理信息系统(GIS)在建设行业有着广泛的应用。

GIS 的最新发展是 WebGIS,即以 Web 为界面的基于 Internet 或 Intranet 的 GIS 系统。WebGIS 提供了一种覆盖面广、易于维护且操作简单的地图平台,在这个平台上,可以将地理信息与建设行业的业务信息、管理信息等进行有机地融合,实现基于电子地图的各种建设行业业务信息和管理信息的浏览、查询、分析,并可以实现任意时间、任意地点的访问,从而极大地提高建设行业的工作效率和管理效率。

一方面,WebGIS 在建设行业有着广泛的应用前景;另一方面,目前,在传统的开发模式下开发 WebGIS 也面临着很多问题,如对于开发人员的要求高、开发周期长、开发的系统难于扩展等。这些不利因素,严重阻碍着 WebGIS 在建设行业的应用和发展。

针对传统开发模式的问题,基于 Go2map 长期以来在各个领域提供地图服务的技术积累和经验积累,经过技术创新,Go2map 在业界第一个推出具有可扩展的系统架构、稳定的系统性能和跨网络平台应用特性的 WebGIS 中间件:G2MErgine。使用 G2MEngine 开发 WebGIS,可以极大地降低开发难度、缩短开发周期,同时,开发的系统具有优秀的稳定性和可扩展性。

三、为什么要用 G2MEngine 开发 WebGIS

1．传统开发模式下 WebGIS 开发存在的问题

目前绝大部分 WebGIS 的开发模式，都是开发者使用某种 GIS 开发工具，直接基于底层来开发整个应用系统，也即从 GIS 平台到应用系统的两层开发模式。这种开发模式存在两个主要问题：

（1）系统开发要从底层做起。虽然最终用户所关心和所见的是应用系统的业务功能和流程实现，但是为了实现最终的业务功能和流程，开发者要花大量的开发工作量在与这些业务功能和流程并没有直接关系的底层操作上。这种模式要求开发者非常熟悉底层编程和地图编程，增加了应用系统开发的难度和开发工作量。

（2）传统的基于 Web 的应用系统开发，客户端的操作逻辑和服务器端的功能逻辑互相缠绕，系统难以扩展。

2．Go2map 关于 WebGIS 建设的战略思想

在长期向各个行业提供地图服务解决方案的过程中，Go2map 发现，对于不同的 WebGIS 的建设，尽管最终应用系统的功能需求千变万化，但是，在这些系统开发的内容上，存在着大量的共性的部分，如前述的底层处理、地图操作功能、通用地图应用功能等。如果能够将上述 WebGIS 开发中共性的部分抽象、提炼出来，在 GIS 平台之上再形成一个可复用的中间层，供成千上万的应用系统重复使用，则可以极大地减少应用系统的开发难度和开发工作量。

同时，为了从根本上解决传统 Web 开发模式中客户端操作逻辑和服务器端功能逻辑互相缠绕的弊端，在中间层中我们重新设计系统的体系结构模型，把整个系统清晰地划分为服务器端和客户端，并且合理地规划各自的处理逻辑，使得整个系统的稳定性和可扩展性都有质的飞跃。

因此，针对传统 WebGIS 开发的局限，Go2map 在业界第一个提出 WebGIS 中间件的概念，在底层和应用系统之间加上一个中间层：中间件 G2MEngine。通过中间件定义系统体系结构、封装底层操作、抽象应用模型并提供应用程序开发接口。用户基于标准的中间件进行再开发，可以快速、方便并高质量地实现应用系统。

3．是否使用 G2MEngine 开发地图系统的比较

我们可以比较一下基于 GIS 平台直接开发 WebGIS 与基于 G2MEngine 开发 WebGIS 的区别。

从图 1 可以看出，与基于 GIS 平台直接开发系统相比，基于 G2MEngine 开发系统有着明显的特点和优势：

（1）整个系统清晰地划分成底层、功能开发、界面开发三个部分。在底层封装了所有的底层操作如对操作系统、网络、数据库的编程和所有上层要用到的地图操作功能，并对上层以 API 的形式显示和提供；功能开发和界面开发基于封装的底层，分别独立地处理服务器端功能逻辑和客户端操作逻辑。这种结构划分保证了系统的稳定性和可扩展性。

（2）在功能开发中，中间件提供两个层面的功能开发工具：对于通用地图功能的开发，以 API 的形式提供绝大部分通用地图功能调用接口，开发者直接基于这些通用地图功能 API，进行流程设计和功能组装，就可以快速地完成应用系统的功能开发；对于一些专用地

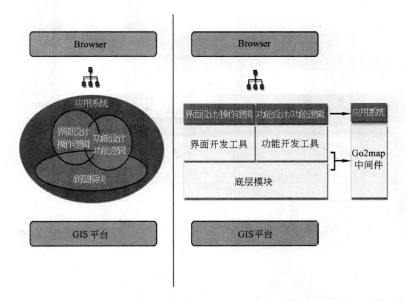

图 1

图功能(不包含在通用地图功能 API 中)的开发,提供扩展地图功能开发工具,用户可以使用扩展地图功能开发工具自己开发地图功能 API,极大地方便了系统功能的扩展。功能开发实现所有服务器端的功能逻辑。

(3) 在界面开发中,中间件提供可视化的界面开发工具,用户可以基于界面开发工具,快速开发出应用系统客户端界面。界面开发实现所有客户端的操作逻辑。

上述体系结构的设计,从根本上保证了应用系统核心的稳定性和功能的可扩展性,并极大地简化了应用系统的开发。

四、G2MEngine 的组成及实现的功能

G2MEngine 是 Go2map 公司所开发的,集 Web、地理信息系统、数据库、服务器集群及负载均衡等技术于一体的,用于开发跨网络平台的 WebGIS 的中间件(Middleware)。G2MEngine 在技术上把底层与应用无关的细节进行了彻底的封装,对二次开发用户完全透明,而把最终的应用系统的逻辑流程单独分离出来留给用户自行开发。G2MEngine 的二次开发用户无须对 GIS 平台的工作原理和 Web 编程技术有深入的了解,而能够快速地开发出功能丰富且易于扩展的跨网络平台的 WebGIS。

G2MEngine 的核心部分是提供地图功能 API 的引擎,另外包括外部数据的导入接口、界面开发工具、整个系统的管理维护工具和系统开发手册,从而构成了一个完整的增值开发平台。

G2MEngine 支持所有通用数据库,目前已经发布基于 MapXtreme 平台的产品。

图 2 是 G2MEngine 的组成图:

1. 引擎:提供地图功能 API 调用并实现所有的地图功能,包括:

(1) 引擎内核:包含封装的底层操作及放大、缩小、漫游、改变视野、测距、鹰眼、全图、前后图、图层控制等基本地图操作功能。

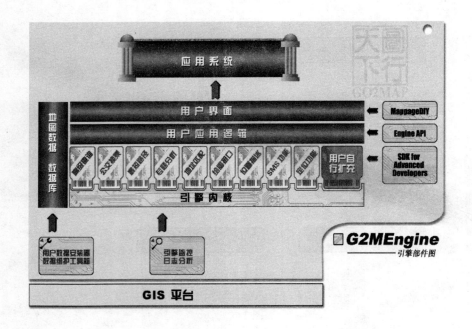

图 2

(2) 通用地图功能包：包含高级查询、公交换乘、最短路径、专题分析、地址匹配、绘图接口、位置描述、定位功能、SMS 功能等通用地图功能。以下列举几种通用地图功能的详细描述：

高级查询，包括智能查询、查找最近、周边环境等，在地图对象和属性对象间实现智能互查。

最短路径：在路网中计算任意两点间的加权最短路径。

专题分析：使用不同的图形样式（颜色、填充方式等）展示地图所蕴涵的其他属性信息。

绘图接口：在当前地图上开辟专门的用户图层，在其上增加点、线、面等图形元素及相应的文字注释，并可以保存在服务器上。

(3) 扩展地图功能开发包（SDK for Advanced Developer）：提供高级开发用户接口，开发通用地图功能包所不包含的地图功能。用户可以据此自行扩充地图功能。

2. 数据：实现用户数据的导入及维护，包括用户数据安装工具（Data Installer）和数据维护工具箱。

3. 地图应用界面开发工具（Mappage DIY）：快速可视化生成地图应用程序界面。

4. 系统管理工具：实现系统管理和系统维护，包括系统运行监控器、日志分析工具、引擎性能测试工具等。

5. 文档：各类开发用户指南、系统维护手册、数据规范说明书。

6. 安装工具：提供组件式的安装环境，以上各组件均可选择性安装或卸载。

五、G2MEngine 在建设行业的应用优势

通过以上的介绍可以看出，在建设行业使用 G2MEngine 开发地图系统，具有以下明显

的优势:

1. 系统本身的优势

(1) 以地图平台集成各种业务系统和管理系统:通过 G2MEngine 所提供的地图功能 API 调用,可以很容易地将地图功能和建设行业各种业务应用和管理功能相融合。因此,从应用的角度,可以将建设行业的业务数据、业务流程和地图数据、地图功能相结合,在统一的地图平台上集成各种业务系统,如城市规划、城市建设、房产管理、市政管理等,保证信息的统一性、直观性、实时性,极大地提高业务系统和管理系统的有效性和高效性。

(2) 系统的稳定性和可扩展性:G2MEngine 先进的体系结构设计思想保证了系统核心的稳定性和应用系统的可扩展性。对于常用的地图功能,G2MEngine 都以封装的 API 形式提供,开发者直接调用,保证了核心系统的稳定性;对于专用的地图功能,G2MEngine 提供扩展地图功能开发工具,开发者可以据此自行开发并封装地图功能 API,保证了应用系统的可扩展性。

(3) 基于 Web 的系统,覆盖面广、易于维护且操作简单:G2MEngine 开发的是基于 Web 的 B/S 结构的地图系统,客户端是标准的浏览器(Browser),不需要分发和维护,可以低成本、大范围地部署和应用,并可以实现任意时间、任意地点的访问。

2. 系统开发的优势

(1) 极大地缩短了系统开发的周期。使用 G2MEngine 开发系统,G2MEngine 替代了传统开发模式下的绝大部分开发工作,从而极大地缩短了整个系统的开发周期。

(2) 极大地降低了系统开发和系统扩展的难度。使用 G2MEngine 开发系统,开发者不需要了解网络编程和 GIS 编程的底层操作,大大降低了开发难度。

第四篇

数据分类编码

第四篇

基本分析法

空间数据交换与空间数据共享标准的研究

测绘遥感国家重点实验室　龚健雅

一、概述

当前地理信息系统领域所遇到的一个大的问题是各种 GIS 之间的空间数据格式不兼容,致使空间数据难以共享。为此许多国家和行业制定了空间数据交换标准,将各种 GIS 软件采集的数据,通过中间的交换格式达到数据共享的目的。

随着人们对空间信息科学的理解和 GIS 应用的广泛深入,人们对地理空间的抽象对象及相互关系有了趋于一致的认识。实际上各个国家及有关行业制定的空间数据交换标准在概念上和逻辑模型层次上相差不大。当前绝大多数空间数据标准和 GIS 软件的内部数据格式建立在拓扑数据模型的基础之上。

由美国计算机图形与空间实验室(Laboratory for Computer Graphics and Spatial Analysis)研制的矢量数据结构 PLOYVRT,是一种以弧段为基础的拓扑数据结构,它是当今各种空间数据结构的基本框架(母河海,1992)。

这种数据结构的基本元素称"弧段"或者"链段"。弧段在两端有结点,并伴有共享该弧段的左、右两多边形的码,弧段可以由任意多个点构成。此外,在 PLOYVRT 中还为每个多边形建立了一个环绕边界的弧段目录表,以及为点建立一个点所关联的弧段目录表,并在弧段的关系表中,将点所关联的弧段和组成多边形的边界弧段用串行指针连接起来,这样,在这种数据结构中不仅存贮了空间目标的几何信息,而且还存贮了各种元素(多边形、弧段和点)之间的拓扑关系。

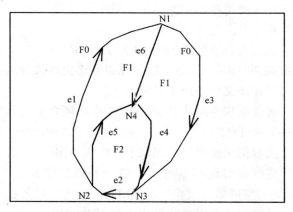

图 1　POLYVRT 拓扑数据结构

图 1 所示的是 PLOYVRT 的拓扑关系,表 1~3 是多边形、弧段和结点的数据。

结　点　集　合　　　　　　　　　　　　　　表1

结点名	指　针		坐　标
	第一个离开弧段	第一个到达弧段	
N1	e3	e1	X1,Y1
N2	e1	e2	X2,Y2
N3	e2	e3	X3,Y3
N4	e4	e5	X4,Y4

面域集合　　　　　　　　　　表2

面域名	指针		专题信息
	顺时针方向第一弧段	逆时针方向第一弧段	
F0	……	e1	t0
F1	e1	e5	t1
F2	e2	……	t2
F3	e3	e4	t3

弧段集合　　　　　　　　　　表3

弧段名	始结点	终结点	离开始结点的下一条弧段	离开终结点的下一条弧段	左面域	右面域	右面域顺时针方向下一条弧段	左面域逆时针方向下一条弧段	坐标串
e1	N2	N1	e5	……	F1	F0	e5	e2	S1
e2	N3	N2	……	……	F2	F0	e4	e3	S2
e3	N1	N3	e6	e4	F3	F0	……	……	S3
e4	N4	N3	……	……	F2	F3	e5	e6	S4
e5	N2	N4	e5	e6	F2	F1	……	……	S5
e6	N1	N4	……	……	F1	F3	……	……	S6

从以上图表可以看出,当代的许多地理信息系统如 ARC/INFO,System 9,Genamap 等都采用与此类似的数据结构。只不过在表 A 至表 C 中,用串行指针解决结点与弧段、多边形与弧段的一对多关系。

美国人口统计局的 TIGER 文件,是一个拓扑数据结构典范,它采取与 POLYVRT 类似的结构,并且对于结点关联的弧段和多边形包含的弧段的一对多关系亦采用串行指针,这样就可以保证文件的记录是定长的。

美国联邦空间数据委员会 1992 年颁布了美国空间数据交换标准(Spatial Data, Transfer Standard SDTS)。这一标准经过了长达十年的研究起草工作,是迄今为止的一个比较完善的空间数据交换标准。现在不仅作为美国的国家标准为美国联邦各部门所采用,而且为其他一些国家引用和参考。如澳大利亚的空间数据交换标准 ASDTS,就是一个基于美国 SDTS 的空间数据交换标准。SDTS 包括矢量数据模型、栅格数据模型、数据描述信息等内容。其中矢量数据模型采用面向对象的思想,对空间对象作了详尽的描述,共 26 类,合并后,归为 6 类,它们是:复杂地物(Complex),多边形(Polygon),环(Ring),线(Line),弧(ARC),点-结点(Point-node)。这里的线相当于前面所描述的弧段,弧是指圆弧、B 样条等光滑的数学线段;增加了环这一新的空间对象,主要是为了带岛屿的复杂多边形。SDTS 增加了复杂对象这一新的地物类型,主要是为了处理多个简单地物聚集的现象。这也是目前新推出的几个面向对象地理信息系统新增加的地物类型。

SDTS 的矢量数据模型与前述的 POLYVRT 和 TIGER 等空间数据模型有较大的变化,但是它的基本特征仍然相似。它仍然以弧段(线)为基本结构,描述多边形、线、结点之间的集聚关系和反向的关联关系。SDTS 与 POLYVRT 和 TIGER 之间在拓扑关系描述方面的差别在于两点:一是 SDTS 不再采用串行指针而直接采用变长记录处理一对多关系;二是增加了结点至多边形的反向指针。SDTS 的矢量数据模型如图 2 所示。

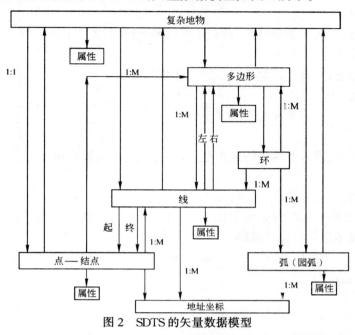

图 2　SDTS 的矢量数据模型

从以上几个数据模型及空间数据标准可以看出，各模型之间表达的空间对象及关系的内容基本一致。但是各个系统采用的数据结构则相差很大，POLYVRT 和 TIGER 采用串行指针表达结点关联的弧段和多边形包含的弧段等一对多的关系。所以，各系统之间的空间数据不能直接调用，而只能通过数据交换做到数据共享。

最近，美国 GIS 工业界正在讨论建立开放性地学数据交互使用规范(Open Geodata Interoperability Specification)。它的特点是利用面向对象技术，建立空间对象模型，应用分布式的环境，制定统一的 API 函数，甚至共享分布式空间对象数据库(Bueher 1995)。这一研究正在进行之中，预计 1996 年底或 1997 年推出第一个版本。

我国迄今还未建立一个空间数据交换标准，然而我国正在组织攻关，发展我国自己的 GIS 软件产品，这是一个建立我国空间数据共享机制的极好机会。我们可以跳过空间数据交换格式这一层次，直接采用类似于 Open GIS，共享空间数据模型和空间数据库管理系统的最新方法。为此，本文将根据作者多年来对面向对象技术、空间数据结构、空间数据模型的研究，根据面向对象 GIS 软件 GeoStar 的开发经验，以及最近对各种空间数据标准的系统研究，提出一套具有我国特色，并将与国际标准接轨的规范化的空间对象的模型，并讨论它的实现方式。

二、GIS 中的概念模型

1. 空间对象及其定义

与地理空间位置或特征相关联的对象称为空间对象。这里所定义的空间对象是各种空间地物的抽象表达，如：点、线、面、复杂地物。为了便于空间数据的组织和表达，除此之外，空间对象还包括结点、弧段等几何元素。

空间对象有如下几种类型：

纯几何类型：

例如一个独立点，一条等高线，只有几何位置，没有对象之间的关联关系。

几何拓扑关系：

既有几何位置，又有拓扑关系，如结点、公共弧段。

纯拓扑类型：

仅有拓扑关联关系，通常用于定义空间分析操作。

空间地物：

有属性特征，或者说有确定的地物意义，有对应的地物编码和属性描述记录，如油井，房子，公园等。

非地物类型：

没有确定的地物意义，只是为了便于空间数据的表达和组织方便设置的中间对象，如一个纯粹的结点或多边形的公共弧段。

前三种由几何概念区分，后两种以属性概念区分。它们之间有概念的交叉，以上划分主要是为了下面的叙述方便。

(1) 零维对象

A．独立点状地物

它是一个纯几何类型，也是一个空间地物，有对应的属性编码和属性表。

B．点族

类型相同，属性相同的离散点，如独立高程点。

C．纯结点

它是一种几何拓扑元素，不是一种地物类型。这种结点只是用来表达与弧段的关联关系和几何位置。

D．结点地物

它既是几何拓扑类型，又是空间地物。如电力线之间的结点往往是一个配电站。

E．注记参考点

用作注记位置的参考，可以将它放入注记的数据结构中。

F．多边形标识点

它是多边形的一个辅助信息，可以放在多边形的数据结构中。

以上 A、B、C、D 四类空间对象有许多相似性，又有交叉的概念联系，所以在设计数据结构时，把它们作为一类对象处理，称为结点—点状类型，并用特征描述码将它们区分为不同的对象。

2．一维对象

(1) 拓扑弧段

它是几何拓扑类型。弧段没有分支，有起结点和终结点。它可能是线状地物的一部分，也可能仅是面状地物的边界，并且甚至可以既是面状地物的边界，同时又是一个或多个线状地物的一部分或全部。弧段本身一般没有地物意义，但是如果一条弧段本身就是一个线状地物，那么它可以直接赋以地物的编码，连接到属性表。

从形式上说，拓扑弧段可以有多种类型，有不光滑的点串，有多项式拟合的光滑曲线，也可能是圆弧,椭圆,B样条曲线等等。

(2) 无拓扑弧段

它是一种纯几何地物,有些系统称为面条地物(Spaghetti)。例如等高线,一般不需要考虑它的起结点,终结点,左多边形和右多边形。它比前面所述的拓扑弧段要简单得多。但就形状上说,无拓扑弧段也有光滑与不光滑之分。

拓扑弧段与无拓扑弧段可以合并成一类,公用一个数据结构,并用特征码将它们区分开来。

(3) 线状地物

一个线状地物可以由一条或若干条弧段组成。线状地物必须有属性编码,并联接到属性表。

3. 二维对象

(1) 面状地物

它由周边弧段组成,有属性编码和属性表。它可以嵌套岛屿,也可以由多个多边形组成。

4. 复杂对象

(1) 无边界复杂地物

由若干地物组成的对象称为复杂地物。如果复杂地物中没有明显的封闭边界将分子对象包含起来,称为无边界的复杂地物。复杂地物可以包含多个同类或不同类的简单地物(点、线、面),也可以再嵌套复杂地物。复杂地物有自己的编码和属性,它们不同于所包含的分子地物。

(2) 有边界的复杂地物

复杂地物的分子目标由边界确定,其边界由弧段组成。例如土地管理信息系统中的宗地,可以作为一个复杂地物。它本身作为一个整体带有属性描述信息,但里面包含的简单地物,如某一建筑物又有自身的属性描述信息。

两种复杂地物可以共享一个整体数据结构,当指向边界弧段的指针为空时,表示无边界的复杂地物。

5. 空间对象模型

最近几年发展的面向对象技术为建立空间对象模型提供了理论和技术基础。面向对象数据模型有四个最基本的概念,它们是:

分类:同类对象的集合,具有相同特征的对象组合在一起形成类。每个对象是该类中的一个实例。

概括:将若干种类中某些具有公共特征的部分抽象出来形成一种更一般的超类。

联合:将同一类对象中若干个对象组织起来,设立一个更高水平的对象,例如由若干个乡镇组成一个县。

聚集:聚集有点类似于联合,它是将不同特征的对象组合成一个更高水平的对象。如房屋由门、窗、墙、屋顶等组成。

以上四个语义概念可以用来构造空间对象模型。在前面我们已经定义了17类空间对象,适当合并以后,抽象出结点一点状地物、弧段、线、面和复杂地物五种空间对象。每一种空间对象是面向对象中的一个类。可以用概括、联合、聚集的概念表达这些类之间的关系。

除以上五类空间对象之外,一个地理信息系统还涉及制图。它需要有制图的辅助对象,如注记,符号,颜色等类描述参数,用于输出和显示的专题层等等。

为了便于组织和管理,对空间数据库设立工程和工作区,工程包含了某个GIS工程需要处理的空间对象,工作区则是在某一个范围之内,对某几种类型的地物,或某几个专题的地物进行工作。

同时为便于表达,我们再设立一个数据结构—位置坐标(Location)。它与类不同,类中的对象必须有对象标识,在二维 GIS 中它是两个浮点数,在三维 GIS 中是三个浮点数。

这样我们可以构造出图 3 所示的空间对象模型。

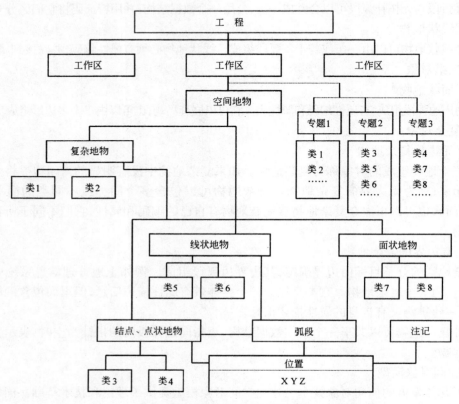

图 3 规范化空间对象模型

三、空间对象的逻辑数据结构

面向对象数据模型的一个显著特点是一个类使用一个相应的数据结构,无论多么复杂,包含多层对象的嵌套关系,一个对象对应于一个结构表中的一个记录。当然,对象的记录可能不符合关系模型的范式要求,同一条记录中,一个属性项可以有多个属性值(变长记录)或多个对象标识。每个空间对象赋有一个系统给定的对象标识。

下面我们定义每个空间对象的数据结构。

位置坐标的数据结构(L)　　　　　　表4

字　段　名	类　　型	字段名描述	域　　值	域值描述	是否变长
X	实　型	坐　标			
Y	实　型	坐　标			

结点—点状地物的数据结构   表 5

字段名	类型	字段名描述	域值	域值描述	是否变长
NodeID	长整	目标标号			
UserID	字符串	地物编码	8位字符		
PointNum	短整	点数	0	有向点	
			1	单点	
			>1	点群	
Position	位置坐标	结点坐标			变长
Z	实型	高程			变长
ARCID	长整	结点关联的弧段		纯点状地物为空	变长

弧段的数据结构   表 6

字段名	类型	字段名描述	域值	域值描述	是否变长
ARCID	长整	目标标号			
USERID	字符	地物编码			
ARCDES	短整	弧段类型	1	折线或直线	
			2	光滑曲线	
			3	B样条曲线	
			4	三点圆弧	
			5	三点圆	
			6	椭圆	
Dimtype	短整	三维标识	0	无高程	
			1	单一高程	
			2	每个点一个高程	
			3	多项式	
			4	DEM	
StartNodeID	长整	起结点标识			
EndNodeID	长整	终结点标识			
LeftsurfID	长整	左多边形标识			
RightsurfID	长整	右多边形标识			
LineID	长整	指向线状地物的标识			可变长
n	长整	采样点个数			
Shape	实型	弧段的坐标串(2维)			可变长
3DInfo	实型	三维信息			

＊注：ARCDES项的目标特性,第二位上表示不显示的弧段,如不显示的折线为11。

线网的数据结构   表 7

字段名	类型	字段名描述	域值	域值描述	是否变长
LineID	长整	目标标识			
UserID	字符串	地物编码	8位字符		
LineDes	短整	目标标识	1	不分叉的线性地物	
			2	可分叉的线网	
ARCID	长整	弧段的标识			变长

面状地物的数据结构　　　　　　　　　　　　　　　　　　　　　　　　　　　　表 8

字 段 名	类　型	字段名描述	域　值	域值描述	是否变长
SurfaceID	长　整	目标标识			
UserID	字符串	地物编码			
SurfaceDes	短　整	目标标识	1	简单面	
			2	带岛的面	
			3	复合面	
NumCircle	短　整	环的圈数			
Label	位置坐标	标识点坐标			
ObjectID	长　整	弧段的标识			变　长
Dimtype	短　整	三维标识	0	无高程	
			1	单一高程	
			2	多项式曲面	
			3	DEM	
3DInfo	实　型	高程信息			

复杂地物的数据结构　　　　　　　　　　　　　　　　　　　　　　　　　　　　表 9

字 段 名	类　型	字段名描述	域　值	域值描述	是否变长
ComplexID	长　整				
UserID	字符串	地物编码	8位字符		
ComplexDes	长　整		1	不带边界的复杂地物	
			2	带边界的复杂地物	
ObjectID	长　整	子目标标识			变　长
ARCID	长　整	边界的弧段		不带边界时没有此项	变　长

注记的数据结构　　　　　　　　　　　　　　　　　　　　　　　　　　　　　表 10

字 段 名	类　型	字段名描述	域　值	域值描述	是否变长
AnnoID	长　整	目标标识			
Annotype	短　整	注记类型码			
Numpoint	短　整	注记点数	1	单　点	
			>1	多　点	
X	实　型	坐　标			变　长
Y	实　型	坐　标			变　长
Angle	实　型	方向角			
Annotation	字　符	注记内容			变　长
FeatureID	长　整	所属地物			

注记类型的数据结构　　　　　　　　　　　　　　　　　　　　表 11

字段名	类型	字段名描述	域值	域值描述	是否变长
Annotype	短整	注记类型码			
Font	短整	注记字体			
Style	短整	注记字型			
Size	短整	注记大小			
Description	字符	注记说明			

地物类型参数表　　　　　　　　　　　　　　　　　　　　　　表 12

字段名	字段类型	字段描述	字段名	字段类型	字段描述
UserID	字符型	用户标识（地物编码）	FillColor	长整	充填颜色
ClassName	字符型	地物类型名称	SymbolID	长整	符号编码
Geometry	字符型	几何类型(点,线,面,复杂地物)	Annotype	长整	注记类型
LineColor	长整	画线颜色	DisplayPriority	整型	显示优先级别,不显示时为零

专题层定义　　　　　　　　　　　　　　　　　　　　　　　　表 13

字段名	字段类型	字段描述	字段名	字段类型	字段描述
ThemeName	字符型	专题层名称	ClassNane	字符型	专题层所含地物类型名称
ClassNumber	整型	专题层包含的地物类型数目			

工作区与工程的信息以文本方式记载,它包含了工程和工作区的基本信息以及质量评价与数据描述信息,具体内容如下：

工程的基本信息　　　　　　　　　　　　　　　　　　　　　　表 14

序号	字段名	字段类型	字段说明
1	信息系统隶属单位名	字符	
2	信息系统名	字符	
3	数据库名	字符	
4	建库日期	字符	
5	密级	字符	
6	行政区域	字符	
7	平面控制系统	字符	A-54 北京坐标系 B-80 西安坐标系 C-独立坐标系
8	独立坐标系名称	字符	
9	X 平移	实型	
10	Y 平移	实型	
11	旋转	实型	
12	高程控制系统	字符	A-黄海高程系 B-独立高程系

续表

序号	字 段 名	字段类型	字 段 说 明
13	独立高程系名称	字符	
14	转换参数	实型	
15	左下角 X	实型	
16	左下角 Y	实型	
17	右上角 X	实型	
18	右上角 Y	实型	
19	左下角经度	实型	
20	左下角纬度	实型	
21	右上角经度	实型	
22	右上角纬度	实型	
23	工程的投影	字符	
24	中央经线	实型	
25	起始纬线	实型	
26	标准纬线一	实型	
27	标准纬线二	实型	
28	高斯投影带号	实型	
29	坐标单位	字符	
30	地物要素分类标准	字符	
31	数据主要来源	字符	
32	数据采集主要方式	字符	
33	主要作业单位	字符	
34	作业采用的主要技术规程	字符	
35	质量检查单位	字符	
36	总体质量评价	字符	
37	系统的主要用途	字符	
38	数据的完整性	字符	
39	数据的一致性	字符	
40	数据库的逻辑分层	字符	

基础地理信息系统的工作区一般以图幅为单位,因此工作区的信息大多数与图幅有关。

工作区的数据结构　　　　　　　　　　　　表 15

序号	字 段 名	字段类型	字 段 说 明
1	工作区名	字符	
2	图幅名	字符	一个工作区可包含多幅图
3	左下角坐标 X	实型	
4	左下角坐标 Y	实型	
5	右上角坐标 X	实型	

续表

序号	字 段 名	字段类型	字 段 说 明
6	右上角坐标Y	实　型	
7	左下角经度	实　型	
8	左下角纬度	实　型	
9	右上角经度	实　型	
10	右上角纬度	实　型	
11	数据采集单位	字　符	
12	采集者姓名	字　符	
13	图形编辑者姓名	字　符	
14	数据采集方法	字　符	
15	数据采集仪器	字　符	
16	数据采集软件	字　符	
17	数据编辑软件	字　符	
18	原图比例尺	字　符	航测数字测图时为空
19	原图测绘时间	字　符	航测数字测图时为空
20	原图测绘单位	字　符	航测数字测图时为空
21	航摄比例尺	字　符	原图数字化时为空
22	航摄像机型号	字　符	原图数字化时为空
23	航摄日期	字　符	原图数字化时为空
24	调绘时间	字　符	原图数字化时为空
25	东邻图接边情况	字　符	
26	西邻图接边情况	字　符	
27	南邻图接边情况	字　符	
28	北邻图接边情况	字　符	
29	控制点数	实　型	
30	控制点号与坐标	实　型	循　环
31	检查验收单位	字　符	
32	检查验收者姓名	字　符	
33	验收日期	字　符	
34	定向中误差	实　型	
35	地物数字化中误差	字　符	
36	属性精度	字　符	
37	接边中误差	实　型	
38	质量等级	字　符	
39	主要地物层	字　符	
40	其他说明	字　符	

空间数据库系统涉及到属性、图象、数字高程模型等内容。空间要素属性的模式定义、属性库内容与通用的关系数据库相同,图像和数字高程模型的数据格式另文讨论。另外,空间要素的分类代码参考国家已颁布的有关标准。

四、空间数据交换格式

第三部分讨论的是空间数据标准的逻辑数据结构,它是空间数据交换格式的基础。用户可以以空间数据的外部数据交换文件作为桥梁,使不同 GIS 软件输入或输出同一标准数据文件,达到数据通讯与共享的目的。

考虑到我国用户的实际情况和应用习惯,拟采用类似于 DXF 文件那样的 ASCII 格式。但是上述的每个逻辑数据结构应作为一个独立的数据文件。一个工程建立一个目录,每个工作区或者说图幅建立一个子目录,工程的目录下存有表8,表9,表10,表11,有关工程数据库的信息,地物类型参数信息以及专题层分层信息。空间数据库的属性信息,可以存于一个专门的属性数据库文件目录。从表2到表8以及表12,存贮在各自的工作区目录之下。具体的文件结构组织如图4。

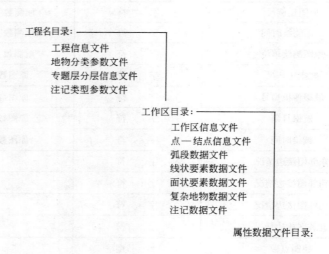

图 4

工程信息文件和工作区信息文件直接带字段名,因而输出 ASCII 的每一行是两段,中间用冒号加一个空格分开,前面是字段名,后一段是字段内容。例如,工程信息文件的格式如图5。

信息系统建库单位:	广州市勘测规划设计院
信息系统名称:	城市勘测信息系统
数据库名:	基础空间数据库
建库日期:	一九九六年四月
......	

图 5

这种文件用户可以用任何文本编辑软件查询和编辑。

其他数据文件以记录行形式输出,每一行包含了一个实体的数据,每个文件的头即第一条记录是字符串,它是实体的字段名,供用户参考。从第二行开始是实体记录内容,每个字段用逗号分开,一行的最后用回车键结束。例如,点—结点数据文件形式如图6。

目标标识	地物编码	点数	X坐标	Y坐标	Z坐标	关联的弧段
10001	2234	1	6785.4	3673.2	375.3	20003,20004
10002	2675	1	7632.6	7743.5	356.1	20008,20009,20005
…	…					

图6

其他数据文件都与此类似。大多数空间数据文件是变长记录,但是利用数据结构中存贮的信息,可以编制软件自动识别与读取。

五、空间数据共享平台

除通过外部数据交换文件达到GIS数据通讯与共享目的外,还有三种更为高级的方式达到数据共享的目的。

第一种方法是按照上述的逻辑数据结构,不作任何改动设计出一套读写数据文件的库函数,定做成DLL库,一般软件开发商可以直接将这些函数嵌入到自己的软件中,直接读写这种文件,减少开发商理解和编程上的困难。在这种情况下,上面讨论的数据交换文件可以设计成二进制文件,以节省存贮空间。这种方法比较简单也容易实现,为此我们建议发布国家空间数据交换标准的同时,附上一份读写该标准数据文件的函数。但是,这种方法仍然是单幅图进行工作,没有整体库的概念,对于GIS的空间查询操作和分析还是不够的。

第二种方法是制定空间数据相互操作规范(如Open GIS),设计一套规范化的API函数,大家共同遵守这一协议。参加这一协议的软件提供一套数据库或数据文件操纵函数的动态连接库。这样,不同的软件可以操纵对方的数据,达到数据交换和数据共享的目的。

第三种方法是所有的应用软件都采用同一个底层空间数据管理函数,即所有GIS软件共享一个平台。一个厂商的数据采集软件采集的数据直接存入到空间数据库中,另一家空间分析的软件直接从数据库中读出数据进行空间分析。这样既解决了数据共享的问题,又解决了数据的不一致性问题。

当前我国在发展自己的GIS软件,比较现实的方法,一是制定一个空间数据交换标准,通过外部数据交换达到数据共享目的。另一种方法是着手研究制定空间数据相互操作规范,各软件开发单位仍保持各自的底层结构和数据操纵函数,只是相互之间能够调用数据。在此基础上让用户或者通过软件测评优选出一个效率高稳定性好的底层平台,让各软件开发单位公用,这样有可能逐步过渡到共享平台。

关于空间数据共享平台或者说空间数据相互操作规范函数(API)将在另文讨论。

六、结论

空间数据共享有多种方式,目前人们对空间对象的定义和它们的数据结构有了基本一致的理解,建立一个规范化的空间数据模型是可能的,在此基础上制定空间数据交换标准是不太困难的。人们对空间数据模型有了规范化的认识,数据操纵的基本函数集也大致相同,这样,我们有可能制定出空间数据相互操作规范。通过推广应用这一规范,可以逐步优选出一个较好的底层函数库,达到共享一个平台的目的,这样对用户,对整个国家 GIS 产业的发展将大有益处。

参考文献

[1] 美国内务部．空间数据转换标准，1992
[2] 龚健雅．规范化空间对象模型与实现技术．《测绘学报》，1996.4
[3] 毋河海．地图数据结构与地图数据库．北京:测绘出版社，1989

信息集成——数据管理发展的方向

IBM 公司　王小虎

一、数据管理发展史

数据管理发展史可以分为以下几个阶段:联机事务处理(OLTP),内容管理,商业智能和信息集成四个阶段。

1. 联机事务处理(OLTP)。

1970 年,IBM 研究中心的 E.F.Codd 博士在其论文《Codd70》中提出了关系型的数据库模式。在新的理论中,记录与记录的关系建立在它们共享的数值上而非基于隐藏的指针。数据库的查询可以采用非过程化(non-procedural)的语句来完成。Codd 同时证明了用一阶谓词逻辑微积分(first-order predicate calculus)等数学理论作为非过程化语句基础的可能性,并进一步地发展了关系微积分(relational calulus [Codd71a])与关系代数(relational algebra [Codd71b]),从而奠定了关系型数据库日后发展的理论基础。为此 E.F.Codd 博士在 1981 年得到了计算机科学界的最高荣誉奖 ACM 图灵奖(ACM Turing Award)。

1973 年,位于美国加州圣荷西市的 IBM 研究中心(IBM San Jose Research Center,今 IBM 艾玛登研究中心 Almaden Research Center 的前身)开始了一个大的关系型数据库系统研究项目 System R[Astrahan 76],探讨并验证在多用户与大量数据下关系型数据库的实际可行性。Systemn R 对关系型数据库的商业化起着关键性的推动作用。在 D.Chamberlin 博士的领导下,System R 的一个研究小组发明了一套比关系微积分与关系代数更适合最终用户使用的非程序化查询语言 SQL[Chamberlin74,76,80]。SQL 的设计宗旨是面向最终用户,达到简单,易学,易用的要求。并且,SQL 把早期数据管理系统中各种独立的功能如查询,数据修改,数据定义和控制等整合到一个单一的语言环境内。另一方面为了使关系型数据库能在性能上满足大型商业数据处理应用的需求,哈佛大学应用数学系毕业的 P.Selinger 博士在 System R 的 SQL 查询语句处理(query processing)模块设计中发明了一套系统化的基于成本优化处理模式(cost based optimization)[Selinger79],把系统执行一条 SQL 语句过程中各种会影响性能的变量与系统参数套入统计学与应用数学中的优化理论,从而求出最佳的物理数据存取路径(access path)。从 20 世纪 70 年代末期开始,基于 SQL 的关系型数据库逐渐成为了数据库管理系统的主流。目前所有的关系型数据库厂家的产品都遵循这一标准。由于 System R 与 SQL 对关系型数据库管理系统结构的贡献,其主要设计人员于 1988 年获得了计算机领域中崇高的实用软件系统奖 ACM Software Systems Award。

20 世纪 80 年代初期至中期,IBM 艾玛登研究中心的研究人员通过 System R * 研究项目《Lindsay84》探讨分布式数据库的实现技术。利用当时即已遍布全球各主要城市的 IBM 内部计算机网络 VNET,System R * 对分布式计算的各种基础技术如分布式提交协议(distributed commit protocols)、回滚和恢复(rollback and recovery)等特性的实现与优化做了深入的探讨。System R * 所取得的研究成果为日后的分布式关系型数据库架构标准 DRDA（Distributed Relational Database Architecture）以及建立数据仓库常用到的数据复制等机制提供了技术来源。

2. 这一阶段数据管理的主要应用集中在事务处理方面。处理的是结构化信息。

二、内容管理：

1984 到 1992 年，IBM 艾玛登研究中心开始了一项名为 Starburst 的大型研究计划《Haas90,Lohman91》。Starburst 计划的目的是要依据 IBM 研究人员对关系型数据库各种局限的了解，建立新一代的、具延伸性的关系型数据库原型。所谓延伸性是指数据库各子系统实现开放性，使用户能够很容易地把新功能加注到一个 SQL 关系型数据库里，以便支持新的应用。当时考虑的应用包括：多媒体的计算机辅助设计制造（CAD/CAM），地理信息系统（GIS），大型文本处理及专家系统 Expert System 等。通过把类似面向对象的抽象数据类型（Abstract Data Type）与继承性（Inheritance）融入 SQL 语言及关系型数据库核心的做法，Starburst 容许系统内部与外部的功能被延伸。与此同时，Starburst 研究人员在查询改写优化处理（query rewrite optimization），特别是索引结构（specialized indices），日志预写回复技术（recovery method based on write – ahead logging），主动数据库技术（active database）等方面皆有创新的贡献。Starburst 的研究项目产生了大量的修正基本数据库结构的文献与专利。如同 System R 推动了 SQL 关系型数据库的商业化一般，Starburst 提供了新一代商用对象关系型数据库（Object – relational Database）宝贵的经验与技术来源。

DB2 在面向对象数据库技术上的发展目标是对象关系型数据库。它是以关系型数据库的架构为基础，加入面向对象的功能。这有别于所谓的 OO Database，OO Database 不是关系型数据库，而是以对象为目的所建立的一种新数据结构。现在计算机科学界以及数据库工业在面向对象的走向方面，是以这种对象关系型数据库为主流。DB2 在面向对象的支持方面，最重要的设计目标，也是它与其他几个知名数据库公司最根本的不同，就是它将"对象"的处理完全融合在整个 DB2 的部件里，从而产生一个最完美的数据应用模式。也就是说，不论用户的应用处理是传统数据（字符、数字、日期、时间）还是新数据类型，像文本文档或是图像、语言、视频等多媒体数据，应用程序都是以相同的 SQL 语言语意来执行。DB2 提供给传统数据的一些延伸接口，例如用户自定义类型（UDT）、用户自定义函数（UDF）、约束（Constrain）、触发器（Trigger），都不用区分数据是哪种类型。在一个 DB2 的表里，可以随意将这些多媒体数据和传统数据信息存在一起。DB2 对每行复杂类型的处理正是典型的面向对象，它对这种用户自定义的 LOB 类型，引用了面向对象中所谓的 Method（方法，也就是 UDF），继而将结果返回给应用。对客户的应用来说，它完全没有必要分别以各种不同方法来处理不同的数据类型。

这一阶段的焦点是如何将非结构化信息和结构化信息存在一起，涉及的技术包括多媒体技术，面向对象数据库和对象关系数据库等等。主要有两种方法，一种是单独存放非结构化信息，用关系数据库建立索引，即 IBM 研究人员提出三角形的存储和访问架构。另一种是利用面向对象数据库和对象关系数据库。

1. 商业智能和电子商务：随着技术的不断向前发展和竞争的日益激烈，在新的世纪里商业智能和 e-Business 成为企业发展的主要方向。1993 年，W. H. Inmon 正式提出了数据仓库(Data Wharehouse)的概念,"数据仓库就是面向主题的、集成的、包含历史数据的、稳定的数据的集合,用以支持经营管理中的决策制定过程。

数据复制、联邦数据库和分布式数据管理功能提供了建立数据仓库的基本体系结构。而 SQL 关系型数据库因为提供了即席查询(ad hoc query)的功能成为了目前数据仓库的数据存储与决策支持的环境。IBM 的许多 SQL 查询优化处理研究成果直接支持数据仓库环境下的应用。例如在处理多维分析(multi-dimensional analysis)的时候,IBM 的关系型数据库系列产品 DB2 UDB 的优化器能以笛卡尔连接优化(Cartesian join optimization,又称星式连接 Starjoin)和动态位图索引(Dynamic bitmap index Anding)迅速地完成多表连接满足多维分析在关系型数据库内的执行。但是随着数据的大量累积许多隐藏在数据中的信息已很难被传统的决策支持应用所发掘。为此一种称为数据挖掘或数据采矿(data mining)的技术正在兴起。Quest《Agrawal96》是 IBM 艾玛登研究中心的另一项重要研究项目,探讨新的数据挖掘计算方法。这些技术包括关联定律(association rules),系列模式(sequential patterns),归纳(classification),时间系列群(time-series cluster)等数据挖掘方法,并且已经在 DB2 UDB 的相关产品中全部实现。

而 e-Business 更是首先由 IBM 公司提出的新理念,在 IBM 的各类软件产品中都体现了对 e-Business 的支持。在数据管理产品中主要体现在以下的几个方面:对于 XML 的支持,Net.Search 扩展器,支持多种主流的电子商务标准(Java、HTML、XML、LDAP 等),OLAP 和多媒体信息可由 WEB 方式展示等。

这一阶段的工作主要集中在如何利用过去积累下来的数据信息资产提供决策支持。处理的数据主要是结构化的信息,涉及的技术包括数据仓库技术,联机分析处理技术和数据挖掘技术。

信息集成:

经过了上述三个阶段,无论是结构化信息,还是非结构化都得到了有效的利用。但是,随着新应用的出现,如客户关系处理,供应链管理等,需要不仅仅能够单独访问结构化信息和非结构化,而是要同时访问两者,这就要求有一个统一的访问入口和界面,即基于浏览器的门户(portal),实现预定义报表、即席查询报表、多维动态分析报表和内容(非结构化数据的)的无缝集成,并提供集成化的认证、信息发布和管理环境。同时门户还可根据不同使用人员的需求,对所需的访问和分析内容进行方便、简捷的定制,以满足个性化信息服务的需求。

这一阶段的目标是集成结构化和非结构化数据。

2. 结构化数据集成

结构化数据的集成可以通过两种主要方法实现:一种是转换,一种是标准化。目前,转换有包括数据库装载/卸载法,网关方法。标准化方法又包括数据库访问 API 和公共协议法。

数据库装载/卸载法:

这是一种静态方法,其实质是在不同数据库之间进行数据格式和模式转化,它没有实现不同数据库之间动态和实时的互操作,而只是实现了多数据库之间数据的共享和信息互通。这种方法要求作为数据目标的关系数据库具有更强的并行能力,更强的扩展能力和更强的数据处理能力。

网关方法:

网关的主要作用是转换和通讯,使位于网关两端的数据库系统能相互理解,其中转换包括模式转换,操作转换等,通信可以认为是点对点通信,这种方法实现起来比较简单,一般的数据库系统本身就提供这样的工具,如 Oracle 的 SQL＊NET。但这种方法一次只能访问一个数据库,依次,每一个数据库都需要一个网关,所用的网关产品一般受制于数据库厂商,不能任意选择客户平台和后端数据库。

数据库访问 API：

数据库访问 API 独立于数据库厂商,用于与远程数据库建立连接,并向数据库发出 SQL 命令,数据库访问 API 提供了调用级接口(Call Level Interface)。最著名的是 ODBC API,已成为事实上的数据库互联标准。

公共协议法：

公共协议法是指对数据库客户端和服务器之间的通讯格式和协议以及数据库语言进行标准化。这样,一个客户机就可以很方便地访问不同数据库的服务器,而数据库服务器也能够接受到来自不同数据库客户端的访问请求。这是一种最理想的解决多数据库互连和互操作的方法。目前最著名的是 ANSI/ISO 的 RDA(Remote Database access)标准和 IBM 的分布式关系数据库体系结构(DRDA:Distributed Relational Database Architecture)。在数据库语言方面,ISO 有数据库查询语言 SQL99 标准。很多数据库厂商的产品部分或全部支持它。

在实际应用中,往往结合上述方法实现异构数据库互访。如 IBM Datajoiner 就使用了多种方法,可以同时读取和操作所有主流数据库和 ODBC 数据源。

3. 非结构化数据集成

非结构化数据除了最早的多媒体数据库,稍后的面向对象数据库和对象关系数据库以外,现在最先进、业界认可、并在实践中得到验证的是采用三角形的存储。访问体系结构。如图 1：

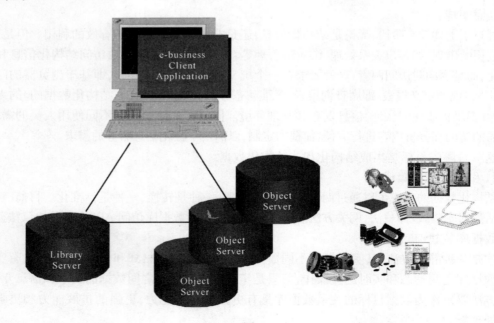

图 1

在这种体系结构中,包括一个索引服务器(Library Server),多个对象服务器和客户端。

索引服务器存放关于非结构化数据的索引信息,就像图书馆里的索引卡片,一般由高性能的关系数据库实现;对象服务器中存放具体的非结构化数据(PC 文档,视频,音频,报表,票据,合同和 Web 信息,我们称之为内容),就像图书馆中的图书和其他信息载体,对象服务器上的内容经压缩后存储,压缩比通常可达数十倍。当客户机发出请求时,索引服务首先检索,如果没有所需要的内容,则直接应答,如果有,索引服务器向对象服务器发出请求,由对象服务器向客户机返回结果。

这种体系结构的优势在于:
(1) 充分利用了关系数据库的能力;
(2) 最大限度地减少了网络流量;
(3) 具有理论上无限的扩展能力;
(4) 将各种不同类型的非结构化数据都视为内容,方便地集成各种类型的非结构化数据。

4. 结构化与非结构化数据的集成

这是实现最终信息集成的难点和关键。用一个统一的访问入口和界面,即基于浏览器的门户入口(portal),实现结构化数据和非结构化数据的无缝集成,并提供集成化的认证、信息发布和管理环境。同时门户站点还可根据不同需求,对所需的访问和分析内容进行方便、简捷的定制,以满足个性化信息服务的需求。

5. IBM 数据管理解决方案(图 2)

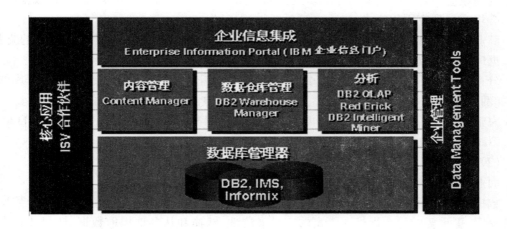

图 2

IBM 的数据管理解决方案可以分为数据库(DB2 UDB / Informix),商业智能(DB2 O-LAP 和 Intelligent Miner,Warehouse Manager, Redbrick)和内容管理(Content Management)几部分。它们构成了 IBM 数据管理解决方案:联机事务处理,商业智能、内容管理。在三大解决方案当中,每一个都包含着实现异构数据源互访的技术和功能。

(1) 数据库(DB2 UDB)特色

DB2 UDB 数据库本身以及 DB2 产品系列中 Relational Connect 和 Data Joiner 为实现异构数据库互访和集成提供了坚实的技术基础和手段,在此,只列出与异构数据库源互访相关的功能特点。

并行优化技术：

DB2 UDB 承袭了其于大型主机系统上的前身的优秀技术，充分考虑了多节点、多CPU、多外设等复杂情况下的优化算法，能够使计算机的各部分最大限度地并行工作，从而达到最大限度提高速度的目的。

强大的优化器：

DB2 的优化器在优化时考虑了 CPU 速度、磁盘 I/O 率、表格尺寸、有效访问路径，并且如果可能的话可以重写查询，以得到更高的性能。DB2 的优化器充分考虑了并行、大量并发用户、复杂查询等各种可能遇到的情况，使其能够运行于各种计算环境。通过调节相应参数，数据库管理员还可以根据数据库应用的具体类型方便地选择是否让优化器为此种应用做专门的优化。

双向数据复制：

DB2 提供高效和开放的复制方案。DB2 能够从数据库日志中直接抓取变化了的数据，从而极小化了对数据源一端的应用性能的影响。DB2 提供自动冲突检测和解决方法。

支持异构数据库：通过 DataJoiner，实现 DB2、Oracle、Sybase、SQL Server、Informix、OLE DB 和 ODBC 数据源互访。包括分布式查询、两阶段提交和异构数据复制。而且可以充分发挥 DB2 并行优化技术和优化器的能力。

多媒体扩展和面向对象支持：DB2 通用数据库支持大文本、图片、声音和视频等多媒体数据的高级应用开发。面向对象的扩展可以让用户把自己数据的"知识"封装到数据库中，而不必将它编到应用程序中。

商业智能：DB2 通用数据库对数据仓库和连机分析处理(OLAP)具有强有力的支持。在数据库系统中包含了数据库仓库管理中心和 OALP Start Kit。

分布式系统的支持：DB2 在 OS/2、NT、AIX 以及其他 UNIX 平台上，分布式数据库的处理(如两阶段提交)及连接功能是建立在 DB2 的核心中，不需要使用其他的产品附件。

完整的 Internet 应用支持：DB2 对 Internet 支持的实现包括三部分：Net. Data，JDBC 和 Net. Commerce。

(2) 商业智能

商业智能基本体系结构往往包括三个部分：

数据仓库：用于抽取、整合、分布、存储有用的信息。因此，数据仓库不仅仅是个数据的储存仓库，更重要的是它提供了丰富的工具来清洗、转换和从各地提取数据，使得放在仓库里的数据有条有理，易于使用。

多维分析：全方位了解现状。管理人员往往希望从不同的角度来审视业务数值，比如从时间、地域、功能、利润来看同一类储蓄的总额。每一个分析的角度可以叫做一个维，因此，我们把多角度分析方式称为多维分析。在线多维分析工具主要功能，是根据用户常用的多种分析角度，事先计算好一些辅助结构，以便在查询时能尽快抽取到所要的记录，并快速地从一维转变到另一维，将不同角度的信息以数字、直方图、饼图、曲线等等方式展现在您面前。

前台分析工具。提供简单易用的图形化界面给管理人员，由他们自由选择要分析的数据、定义分析角度、显示分析结果。往往与多维分析工具配合，作为多维分析服务器的前台界面。

以上三部分是商业智能的基础。它完成的是对用户数据的整理和观察,可以说,它的工作是总结过去。在此基础结构之上,商业智能可以发挥更进一步的作用,利用数据挖掘技术,发现问题、找出规律,达到真正的智能效果:预测将来。

数据挖掘使用统计、分析等数学方法以及电脑学习和神经网络等人工智能方式,从大量的数据中,找寻数据与数据之间的关系。这种关系,一般显示数据组之间相似或相反的行为或变化。一个细心的分析者,往往能从这些发掘出来的关系得到启示。而这种启示又很可能使得到它的业者,获得其他竞争者所没有的先机。

1) IBM Warehouse Manager

IBM Warehouse Manager 是 IBM 数据仓库解决方案的重要组成部分,它主要由以下几部分功能组成:数据访问,数据转换,数据分布,数据存储,靠描述性数据查找和理解数据,显示、分析和发掘数据,数据转换过程的自动化及其管理,是集成异构数据库,数据集中和建立数据仓库的绝佳工具。

a. IBM 的 Warehouse Manager 可获取的数据源可以是 DB2 家族中的任一数据库,也可以是 Oracle、Sybase、Informix、SQL Server 数据库和 IMS、VSAM 文件系统;存放数据仓库的数据库可以是 DB2 UDB for Windows NT、OS/2、AIX/600、HP-UX、Sun Solaris、SCO、SINIX 和 DB2/400、DB2 for OS/390;Warehouse Manager 的管理平台为 Windows NT 和 OS/2;而且以上适用的平台仍在不断地扩展。

b. 元数据驱动(Meta Data):Warehouse Manager 建立在集成的元数据之上。元数据实际上是一个装满描述信息的数据库,它提供了一个所有管理和操作功能的中心。数据仓库的模型以描述性数据的形式存储于该数据字典中,它定义了数据仓库的结构和内容,用于对数据源进行抽取、过滤、转换、映射后放入数据仓库。

c. 系统环境的开放性:Warehouse Manager 提供了一个真正开放的系统环境,它不仅提供了数据仓库的所有功能和组件,而且可以"即插即用"的方式与用户喜欢的第三方软件组合,以最少的费用快速开发出用户所需的数据仓库。

d. 规模化的体系结构:Warehouse Manager 提供了一个完整的分布式客户机/服务器系统环境,它使得用户可充分享受到"网络计算"带来的便利,而且适用于多种平台。它包括四个组件:管理员,控制数据库,客户端管理员,代理。这些组件既可分布于几个不同的服务器,也可都安装在同一服务器上。

e. Warehouse Manager 的管理:Warehouse Manager 的管理是由其客户端管理员实现的,它使管理得以集中于一点。它包括以下几点:商业视图,监控数据转换过程,编辑版,定期执行,级联式商业视图:(Cascaded Business View),版本,Warehouse Manager 中的触发器,用户自定义程序,描述性数据(Meat Data)。

f. 高效装入:除了 Windows NT,Warehouse Manager 的代理机(agent)现在可以运行于 AIX、OS/2 以及 AS/400 等平台上,这就带来了针对位于这些平台上数据中心的装入性能的改善,因为数据无需再通过 Windows NT 上的代理机。另外,除了现有的基于 SQL 的目标装载,Warehouse Manager 现在还提供用于文件传输和装载过程管理的程序。

g. 处理 OLAP:Warehouse Manager 支持 DB2 OLAP Server 上一种或多种星型图表的全部映射或装载。另外 Warehouse Manager 现在也支持指定和创建在 DB2 OLAP Server 以

外生成的星型图表初始化或引入关键码。

h. Warehouse Manager 基于久经考验的独创技术,可以支持复杂业务分析过程的每一步骤——同现有应用程序环境集成,转换数据,自动执行数据仓库处理,分析数据,并为决策人员提供信息。Warehouse Manager 是一种简单易用、经济有效的数据中心和数据仓库产品,可以处理部门或企业中设计、实现和应用解决方案时的相应任务。其较低的维护成本和迅速的实现过程将使工作组迅速提高工作效率。

2) DB2 OLAP Server

在线分析处理(OLAP)在 IBM 的商务智能中扮演着重要角色。IBM DB2 OLAP Server 是一种功能强大的工具,结合了业界领先的 Arbor Essbase OLAP 功能以及 DB2 的可靠性、可管理性和访问能力。Arbor Essbase 是 OLAP 市场领先的厂商。同其他 OLAP 相比,有更多的前端工具和应用程序利用了 Essbase API,使其成为事实上的业界标准。同大多数基于 SQL 的应用程序结合时,DB2 OLAP Server 和 Warehouse Manager 将为端用户提供更多的前端工具和业务智能应用程序选择余地。如今,用户可以享受到多种 OLAP 应用程序的优势,如通过 Arbor 的 OLAP 引擎集成预算功能,充分利用机构在相关技术上的投资,管理基本设施和 DB2 数据。

通过集成 IBM 的 Warehouse Manager 和 DB2 OLAP Server,这套解决方案将具有三方面的重要价值:

完全、自动地把 OLAP 集成到数据仓库,数据抽取和生成自动地由规则和数据源支持,直接进入 DB2 OLAP Server 的立方体;

OLAP 描述数据外部化;

一个中间数据存储库。

3) DB2 OLAP Analyzer

使用 DB2 OLAP Analyzer,可以达到企业的"商业智能化",并提高信息技术组织的效率。信息技术人员可以让用户利用分析和报表的功能获得他们所需的信息,而不会失去对信息、数据完整性、系统性能和系统安全的控制。

强大功能的报表:繁忙的信息技术部门可以在几分钟内创建用于在企业中分发的完善的报表,决策人员可以从该 Web 页面上找到可用的一系列报表。

图形化分析:远远超出对数据的静态图形化视图,Brio 企业版提供强壮的图形化 OLAP 分析。决策人员可以根据需要排序、分组数据并改变"图表"(Chart)的类型(直方图、饼形图、线图、堆积图)。图表中的元素可以被"钻取"到其他的细节层次,并可以返回来恢复一个概要性的视图。

多种图表视图:直方图、线图、组合图、饼形图、堆积图和离散点图。

可在任何地方"钻取"-没有路径的预先定义。

完善的报表:复合报表通过用各种不同的形式(交叉表、图表、表格或以上几种形式的组合)来表现分析结果,对工作进行概括。优美格式的商用报表。

交互式的、立即的"所见即所得"(WYSIWYG)显示。

4) 数据挖掘工具(IBM Intelligent Miner)

Intelligent Miner 有别于其他厂家产品的地方在于它丰富的挖掘方法。Intelligent Miner 不单单用统计方法,它还提供电脑学习(machine learning)或神经网络(neural network)的技术。Intelligent Miner通过其世界领先的独有技术,例如典型数据集自动生成、关联发现、序列规律发现、概念性分类和可视化呈现,它可以自动实现数据选择、数据转换、数据发掘和结果呈现这一整套数据发掘操作。若有必要,对结果数据集还可以重复这一过程,直至得到满意结果为止。根据IDC的统计,Intelligent Miner目前是数据发掘领域最先进的产品。

现在,IBM的Intelligent Miner已形成系列,它帮助用户从企业数据资产中识别和提炼有价值的信息。它包括分析软件工具 - Intelligent Miner for Data 和 IBM Intelligent Miner for Text。

(3) 内容管理(Content Management)

"企业内容管理(ECM)为各公司提供了管理、网络化及分发数字内容的统一框架结构,其中,这些数字内容对这些公司在电子商务的发展路程中取得成功非常重要。为了将真实的商业结果当作总体电子商务基础架构的一部分来提供,ECM框架必须是集成、稳定可靠以及开放的"。

Janet Perna,IBM软件部数据管理总经理。

IBM企业内容管理系列产品:

ECM存储仓库:

与简单的文件系统不同,企业级内容存储仓库使用了强有力的关系数据库来提供索引查询、安全功能并且访问控制技术达到单个内容项目级别,同时还提供版本控制、分布式存储,到数以百万GB字节的扩展能力以及优异性能和可靠性。

IBM Content Manager是一个可真正用于任何类型数字内容的企业扩展存储仓库,其中,数字内容包括HTML和XML Web内容、文档图像、电子办公文档以及诸如数字音频和视频的多媒体。单个Content Manager系统支持多个内容库跨企业或互联网分布。这种方法允许内容保存在离使用地点很近的地方,但又处于集中控制之下,以减少带宽需求和增加灾难保护能力。存储仓库提供进/出版本控制、对象级别访问控制以及基于客户定义属性的高级搜索功能。另外,它还包括工作流能力,能够根据预定义规则通过商业进程自动路由和跟踪内容。

Content Manager符合Tivoli Ready标准,并且可以使用在系统管理存储(System Managed Storage)控制下的磁和光存储设备从单个PC扩展到IBM eServer企业网络化解决方案。

另外,它还集成了WebSphere Personalization,允许基于Content Manager属性对企业内容进行动态服务。

IBM Content Manager OnDemand是一个高性能、经过优化的存储仓库,主要用来管理计算机输出,如发货单、客户清单、账单和报表。OnDemand能将任何形式的打印输出格式变换到可搜索、可Web访问的电子内容,并能集成解决客户问题的呼叫中心,还可集成门户、客户关系管理、电子支付和展现或者Web上的其他形式的客户自助服务。

Content Manager OnDemand能够以每小时200至300万页的速度对内容进行保存和索引,该性能满足大批量计费或清单处理应用的要求。另外,它也允许计算机打印输出进行捆绑、在网上重定向、基于商业规则自动分发等。访问控制可以细化到每页的水平。

存档:

IBM Content Manager CommonStore提供内容存档功能,它利用业务规则收集在SAP

R/3、Lotus Domino 或 Microsoft Exchange 中陈旧或很少使用的内容,将其转移到存储效率更高、更经济的 Content Manager、Content Manager OnDemand 或 Tivoli Storage Manager 中。CommonStore 仍将保留与原来应用的链接,这样,用户就能够轻松访问到存档内容,而同时极大地提高了应用的性能和管理能力,并且减少了存储费用。

多媒体流:

IBM Content Manager VideoCharger 提供了通过互联网对数字音频和视频内容进行流分发,使得多媒体资产有效地用于电子学习、市场交流和客户关系管理。流意味着在用户播放前无需下载或存储,但可以从服务器中"读取"并实时播放。VideoCharger 支持各种网络连接速度和格式,包括从低速率的视频到高质量 MPEG–1 和 MPEG–2 视频。另外,它还支持 IP 组播,允许实况音频或视频流可以通过网络发送给多名用户,从而减少了带宽需求,实现了先录制后播放。

Content Manager VideoCharger 与 IBM Content Manager 进行了有效集成,提供了全面的数字媒体管理解决方案,包括存储管理、搜索和访问以及权限管理。

信息集成:

IBM EIP 和它相关的连接器提供对保存在 IBM Content Manager、IBM Content Manager OnDemand、Lotus Domino 和 Domino.Doc、IBM DB2 UDB 和 DB2 信息仓库中的内容的访问,以及对其他供应商提供的数据库内容的访问,其中包括 FileNET Panagon Image Services、Documentum 4i、SAP R/3、Oracle 和 Microsoft Exchange。EIP 提供了一种整合的 API,它隐藏了每种底层数据库的细节,使得应用可以更容易地集成存储在企业中任何地方的内容。EIP 还提供了一个单一的基础架构,用来进行跨所有内容源的联合搜索、个性化以及门户开发。

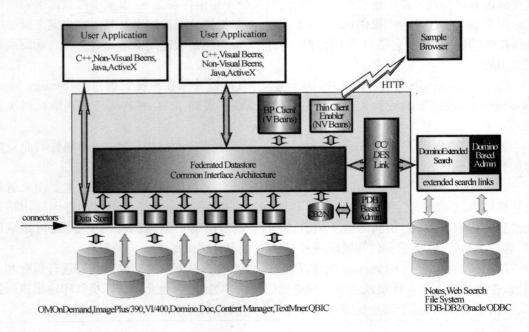

图 3

另外，EIP 还提供了高级集成功能，如工作流、全文本和图像内容搜索、内容分类以及自动化摘要。它包括一个基于浏览器的客户端，支持跨 IBM 和第三方存储仓库的联合搜索和不需插件的 Web 浏览。

图 3 展示了 IBM EIP 与 Content Manager，Notes，RDBMS 之间的结构。

三、结束语

信息集成技术是数据管理领域的难点。它不仅涉及传统的数据库技术，多媒体技术，也与 Internet 技术，OLAP，数据挖掘技术息息相关。同时，它也是提高机构和企业工作效率，最大程度实现数据共享，信息共享和知识共享的关键技术。IBM 公司作为众多数据管理技术的发明者，数据管理新技术的领先者，加之数十年数据管理领域的丰富经验，将为您提供一个具有高度可扩展性，开放的信息集成解决方案

Oracle 空间技术促进建设行业信息系统建设

甲骨文公司　孟文波

一、简介

可扩展的数据库管理系统旨在使用户或应用对数据的管理更容易、更自然。这样的应用有 Web 内容管理、基于位置的服务、城市规划、公用事业、运输和遥感等。传统上,数据库用于商业和管理应用领域。在这些应用中,经常遇到的数据类型是整型、浮点型、字符型、货币单位及日期。对这些数据类型实施的操作都是简单的算术运算,如加、减和排序等。这一有限种类的数据类型和运算使得对现实世界空间应用的建模极为困难。因此,商业数据库系统的新近发展集中在对空间数据等复杂信息的有效存储和管理方面。

一个关于空间(或位置)数据的简单例子是街道地址。道路、人口普查区、县界和省/市/自治区界是更常见的空间数据例子,经常被绘制在地图上。地理信息系统(GIS)常用来存储、检索和表示这类与地球有关的空间数据。当以地图形式表示时,这些空间数据表明二维纸面上或视频监视器上的对象的位置。

其他类型的空间数据包括来自计算机辅助设计(CAD)和计算机辅助制造(CAM)系统的数据。

这些应用都会对一些既有非空间属性又有空间属性特征的集合进行存储、检索、更新或查询。非空间属性的例子有客户名称、地址、订单和部件号码。而空间属性,例如经地理编码的地址或销售区域,则是构造形状的坐标几何学(或基于向量的)表示。同样,几何体是一个或多个顶点的有序排列。几何体的结构和语义由其类型决定,类型可以是点类型、线类型或多边形类型,对结构和语义将在下面的章节中做更详细的介绍。

二、空间数据与 ORDBMS

1. 对象关系数据库管理系统(ORDBMS)

数据库管理系统在传统上可以粗略地分为两大类:关系型与面向对象型。近来,第三类数据库系统开始引人注目。这类系统结合了关系数据库和面向对象的数据库的优点,被称为对象关系数据库系统 (ORDBMS)。对象关系数据库系统采用用户定义的函数和索引方法,方便了数据库中用户定义数据类型的定义、存储、检索和处理。这样,ORDBMS 就能够处理用空间对象数据类型表示的空间信息,也能够处理使用空间索引方法和函数存取或操作的空间信息。由于空间此时只是在数据库中表示的另一种属性,用户在搜索或浏览数据库时就能够把它用做另一种限定词或准则。

在单一数据库中管理空间和属性数据有多种好处。这种空间数据管理方法的主要好处有:

对空间数据更好的数据管理。用户可以通过与他们数据之间的开放式接口(例如

SQL)访问基于行业标准的全能的空间信息数据库。

空间数据现在存储于企业范围的数据库中,因而能够方便地从空间上支持更多的应用。

由于消除了传统 GIS 数据管理方案以混合与文件为基础的体系结构,降低了系统管理的复杂性。

采用开放的 SQL 平台避免了专有数据结构,因此能够实现电子商务和基于位置的服务之间的无缝集成。在一个不断发展的信息和知识管理社会中,对需求分析和报告编制的要求越来越高,开放式的平台有助于完成这一任务,交付满足这些要求的应用。

2. 空间数据库的挑战

与传统数据库应用不同,空间应用要求数据库理解更复杂的数据类型,例如点、线及多边形等。同样,与对简单数据类型的操作相比较,对这些数据类型的操作要复杂得多。因此需要新技术来处理空间数据。空间数据主要有四种特性,使之与传统的关系数据大不相同。

(1) 几何特性

几何特性是任何类型空间数据的一个主要特性。几何学研究物体的数学属性。这些性质包括度量,点、线、角、面、体(拓扑结构)之间的关系,以及顺序等。简单的几何体通常由点、直线、曲线和面等几何元素构成。复杂的几何体由多个简单几何体组合而成。此外,几何体之间还存在许多几何关系,它们对于处理空间数据也很重要。

(2) 对象在空间上的分布

通常空间对象非常不规则地分布在空间中。考虑如下例子:我们把美国所有城市的市政大厅模型化为空间对象(点)。与亚利桑那州和内华达州的城市分布相比,东海岸的城市分布非常密集,而前者稀疏得多。此外,不同对象有非常大的变化范围。例如,如果我们把道路模型化为线段、把城市模型化为多边形,观察此道路网络模型,就会发现模型中有非常巨大的对象(例如 I-95 号公路),也有很小的对象(新罕布什尔州 Nashua 那样的小城市)。

(3) 时间变化

空间数据常常和时间特性联系在一起。一个例子是帮助旅行者在一个较大城市中找到从 A 地到 B 地路线的导航系统。如果发生交通事故,某条道路被临时封闭,系统就必须将这一新数据考虑在内,并重新计算出一条从 A 点到 B 点的合适路线。道路再次开放时,在路线计算中也要将这条新信息考虑在内。

(4) 数据量

有几个 GIS 应用处理非常庞大的 T 字节级的数据库。例如,遥感应用每天从卫星接收数 T 字节的数据。

3. 空间数据库系统的需求

任何数据库系统,如果要处理企业 GIS 和基于位置的服务,它就必须提供下列特性:

一组空间数据类型,用来表示最具体的空间数据类型(点、线、面)、复杂空间数据类型及对这些空间数据的操作,例如交叉和求距离。

这些空间类型以及对它们的操作应该是标准查询语言的一部分,这种标准查询语言用来访问和操纵系统中的非空间数据。例如,在关系数据库系统中,应扩展 SQL 以支持空间类型及其操作。

系统还应该具有若干增强性能,例如处理空间查询(范围查询与连接查询)的索引、可用于非空间数据的并行加载与查询等。

任何空间数据库系统还要进一步解决下述五个主要方面的问题,才能支持空间应用:

空间分类;

数据模型;

查询语言;

查询处理;

数据组织和索引。

(1) 空间分类

空间是确定一组空间对象之间具体关系的一种框架。这取决于所感兴趣的关系。可以使用不同的空间模型,例如拓扑空间、网络空间或度量空间,拓扑空间使用相邻和点等基本概念确立在弹性变形条件下维持不变的关系。拓扑关系包括封闭、内含、连接以及重叠等关系。网络空间处理最短路径之类的关系以及连接性。量度空间使用正对称函数确立距离关系,这样的函数遵守三角形不等性规则。出租车距离或者曼哈顿距离就是这种度量关系的一种。假定有三点 A、B 及 C,那么从 A 到 C 的曼哈顿距离小于或等于从 A 到 B 及从 B 到 C 的距离之和。

(2) 数据模型

对象关系数据库由于并入了与人对空间的感觉更接近的概念,因而提供了更高的空间数据抽象能力。这是通过并入用户定义的抽象数据类型(ADT)和相关函数而实现的。

(3) 查询语言

很明显,传统的 SQL 语言不足以表达典型的空间查询。这促使人们努力用空间友好的结构来扩展其功能。同时,许多标准化委员会(最著名的是 OGC)正在制定各种规范,力图用对象关系数据库管理系统所提供的通用功能扩展 SQL。

(4) 空间查询处理

通常用过滤和求精技术来处理空间查询。在第一个过滤步骤中,用空间对象的近似表示决定一组候选对象,这些对象有可能满足给定的空间查询要求。选择近似表示的条件为:如果对象 A 与对象 B 的近似表示确实满足一种关系,那么对象 A 与对象 B 就可能具有那种空间关系。例如,如果近似表示是分离的,那么对象 A 与对象 B 就将是分离的。但是,如果近似表示是非分离的,但对象 A 与对象 B 仍可能是分离的。

使用这样的过滤和求精策略有几项优点。首先,空间对象一般都很大,因此要占用大量主内存。空间对象的近似表示在载入内存时占用的空间和时间要少得多。其次,对空间对象的计算一般都很复杂,计算花费很大。对象越复杂,计算空间关系所需要的处理就越多。使用近似对象的计算一般会很快,需要的计算周期也要少得多。

空间查询分为两类:(i)窗口查询和(ii)连接查询。窗口查询占用一个空间对象(称为窗口对象),并从一张数据表中寻找与窗口对象有二元关系的空间对象。例如,"在明尼阿波利斯市找出所有与 Minnetonka 公园相交的道路"就是一条窗口查询。这里代表 Minnetonka 公园的对象是窗口对象。连接查询从两张表中寻找满足给定关系的所有对象对。例如,"从明尼阿波利斯市找出所有相交的道路和公园"就是一个连接查询。

(5) 空间索引

索引提供了一条快速访问数据的路径,有助于加速数据库中 SQL 语句的执行。空间索引还是操纵数据时减少磁盘 I/O 的主要方法。数据库提供了处理标量数据的标准索引机制,但这样的索引并不适合空间数据。

空间索引的主要目的在于方便空间选择。也就是说,在响应一条查询时,空间索引将只在嵌入到空间中的一个对象子集中寻找,由此检索到答案集合。主要有两种提供空间检索的途径:(1)把专用外部空间数据结构添加到系统中,为空间数据提供空间索引,与B树为标准属性提供索引类似;(2)把空间对象映射到一维空间中,以便使空间对象能够存储在B树之类的标准一维索引内。除了空间选择外,空间索引还支持其他操作,例如空间连接、查找离某查询值最接近的对象,等等。

三、ORACLE SPATIAL

Oracle Spatial 为在数据库管理系统内管理空间数据提供了完全开放的体系结构。Oracle Spatial 提供的各种功能在数据库服务器内完全集成。用户通过 SQL 定义和操纵空间数据,并可以访问标准的 Oracle 特性,例如灵活的 n 层体系结构、对象功能、强健的数据管理实用程序以及 Java 存储过程。这保证了数据完整性、可恢复性和安全性等特性,而在混合体系结构中几乎不可能获得这些特性。

1. 空间数据建模

Oracle Spatial 支持三种基本几何类型以及由这些类型组成的几何体。三种基本类型是:点、线串和N点多边形,它们都是二维的。二维点是两个坐标X和Y组成的元素。线串由两个或更多的点按一定的顺序排列构成,这些点定义了线段。线串可以由直线段、弧线段或二者混合构成。多边形由连接的线串构成,这些线串形成封闭环形,多边形的内部也就因而确定了。因为多边形由线串构成,这就意味着一个多边形可以包含一些直线边和一些圆弧边。

空间数据模型是一个由元素、几何体和层组成的层次结构。空间层由几何体构成,几何体又由元素构成(图1)。

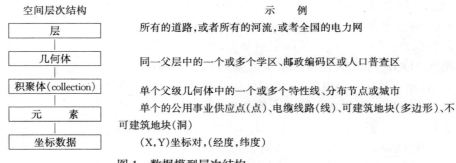

图1 数据模型层次结构

元素是几何体的基本组成部分。例如,元素可以作为公用事业供应点(点)、道路(线串)或者国界(多边形)的模型。在有洞的多边形中(例如湖中的小岛),多边形的外环与内环被视为两个不同的元素,它们共同构成一个复杂的多边形。一个几何体就是一个用户空间特征的表示,以基本元素的有序集合为模型而构成。

一个几何体可以由一个单一元素组成,也可以由多个同类或异类的基本元素积聚体组成。一个复合多边形,例如用来表示一组岛屿的多边形,就是一个同类积聚体。异类积聚体是其中具有不同类型元素的积聚体。

层是几何体的异类积聚体,这些几何体具有相同的属性集合。例如,空间信息系统中的某个层可能包括地貌特征,而另一个层描述人口密度,第三个层则描述某个地区的道路和桥梁网络。层对应于一个表或一组表,而几何体是类型 MDSYS.SDO-GEOMETRY 的实例,并存储在表内特别的行和列中。

类型 MDSYS.SDO-GEOMETRY 是存储点、线、多边形、或者这些元素的同类或异类积聚体的容器。属性由一个几何类型标识符、一个空间参考系统标识符、一个元素描述符数组、一个坐标数组以及其他内容构成。坐标数组包含坐标对或三维坐标的值,这些坐标定义了几何体元素的顶点。元素描述符数组定义了这些坐标应当如何分配到构成几何体的那个或那些元素中。此数组还决定了坐标对(或三维坐标)或者顶点是通过直线段连接还是通过圆弧连接。弧线段和弧多边形是其顶点通过圆弧连接的元素。复合元素是其顶点通过直线段和圆弧段混合连接的元素。

可以声明表中的列,其类型为 MDSYS.SDO_GEOMETRY。例如,可以创建名为 ROADS 的表,如下所示:

CREATE TABLE ROADS(
Name   Varchar2(64),
Classification   Varchar2(64),
Geometry   MDSYS.SDO-GEOMETRY)

可以使用标准 SQL INSERT 语句插入行(行示例),如下所示:

INSERT INTO ROADS VALUES('Short Street','Bylane',
MDSYS.SDO_GEOMETRY(2002, 8307, null,
MDSYS.SDO_ELEM_INFO_ARRAY(1, 2, 1),
MDSYS.SDO_ORDINATE-ARRAY(10, 10, 10, 15, 15, 15)));

第一个值 2002,是一个几何类型标识符,这是一个二维线性几何体。第二个值 8307,表明这个几何体有以 8037 的空间参考系统(在本例中,8307 对应于 WGS 84)。第三个值被设为 null,但它可以作为标签点位置使用。第四个值是元素描述符数组,指明在 SDO-ORDINATES 数组中元素的坐标以偏移量 1 起始,该元素是一个线串(由类型代码 2 指明),它的端点通过直线段连接起来。第五个值是坐标值序列,在本例中指明端点为 {(10, 10),(10, 15),(15, 15)},如图2。

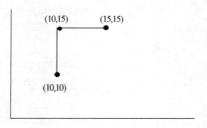

图2 代表 Short Street 的线段

在 Oracle Spatial 中,层被定义为数据库中的列-表对。一个层中的所有几何体必须共享某些空间属性。尤其是,一个层中所有几何体的维数和空间参考系统必须相同。尽管通过每个几何体都可以得到这些信息,但有时从数据库视图中、而不是从每个几何体中检索这些信息,效率会更高一些。因此,这些信息也存储为如下定义的视图的一部分。

VIEW USER_SDO_GEOM_METADATA (
TABLE_NAME   VARCHAR2(32),
COLUMN_NAME   VARCHAR2(32),
DIMINFO   MDSYS.SDO_DIM_ARRAY),

```
    SRID                          NUMBER);
```
其中,SDO_DIM_ARRAY 是 MDSYS.SDO_DIM_ELEMENT 的 VARRAY(4),并且 SDO_DIM_ELEMENT 被定义为

```
    CREATE TYPE MDSYS.SDO_DIM_ELEMENT AS OBJECT (
    SDO_DIMNAME              VARCHAR2(32),
    SDO_LB                   NUMBER,一下限
    SDO_UB                   NUMBER,一上限
    SDO_TOLERANCE            NUMBER);
```

对每一个类型为 MDSYS.SDO_GEOMETRY 的 table.column 而言,在 USER_SDO_GEOM_METADATA 表中应该有某一项包含该列的维信息,如果需要的话,还应包含 SRID。例如,对于上面的 ROADS.GEOMETRY 列,下述的 INSERT 操作应该在创建任何空间索引或使用任何空间函数或运算符之前完成。

```
    INSERT INTO SDO_GEOM_METADATA VALUES ('ROADS',
    'GEOMETRY', MDSYS.SDO_DIM_ARRAY(
    MDSYS.SDO_DIM_ELEMENT('X', 0, 100, 0.05),
    MDSYS.SDO_DIM_ELEMENT('Y', 0, 100, 0.05));
```

存储在特定 Table.Column 中的几何体维度随后就可以通过查阅 USER_SDO_GEOM_METADATA 中相应的 diminfo 决定下来。完成此任务的一个可能的 SQL 语句是:

```
    SELECT COUNT(*) FROM
        THE(SELECT DIMINFO FROM SDO_GEOM_METADATA
        WHERE TABLE_NAME = 'ROADS');
```

2. 对空间类型的操作

实体之间的空间关系是以与它们关联的几何体的位置为基础的。最普通的空间关系是以拓扑和距离准则为基础的。

欧几里得空间中两个空间对象 A 与 B 之间的二元拓扑关系是以两个对象 A 与 B 在它们内部、边界和外部如何相互作用为基础的。这称为两个对象间拓扑关系的 9 交叉模型。这可以用一个 3x3 矩阵简明地表示出来。从这个矩阵出发,在理论上我们可以区分出 A 与 B 之间 $2^9 = 512$ 种二元关系。在多边形的二维对象中,只有八种关系可以实现,它们对 A 和 B 提供了相互之间排他性的和完全的覆盖。这些关系是包含、被覆盖、覆盖、分离、相等、被内含、重叠和接触。

对于决定两对象间拓扑关系的此 9 交叉模型,Oracle Spatial 能够完全支持。其他关系都能够通过对上述八种关系进行组合而推导出来。例如,OVERLAPBDYDISJOINT 被定义为对象之间存在重叠但边界分离的关系。此功能通过运算符 SDO_RELATE 和函数 SDO_GEOM.RELATE( )而实现。已将运算符 SDO-RELATE 向可扩展优化程序注册,因此优化程序将评估各种查询计划,这些查询计划可能使用、也可能不使用空间索引。函数 SDO_GEOM.RELATE 不使用空间索引,只就指定的拓扑关系评估通过参数列表传递给它的两个几何体。例如,为了找到某城市中与河流交叠的所有公园,可以做出两个稍有不同的 SQL 查询:

```
    SELECT parks.name FROM parks, rivers WHERE
```

mdsys.sdo_relate(parks.geometry, rivers.geometry,
'mask = OVERLAPBDYINTERSECT') = 'TRUE';
SELECT parks.name FROM parks, rivers WHERE
sdo-geom.relate(parks.geometry, rivers.geometry,
'OVERLAPBDYINTERSECT') = 'OVERLAPBDYINTERSECT';

第一个查询使用运算符 SDO_RELATE,很可能使用相关的空间索引对其进行评估。第二个查询使用函数 SDO_GEOM.RELATE,因此将使用全表扫描逐行对其进行评估。

3. 空间索引

Oracle Spatial 将空间索引功能引入数据库引擎,是其一项重要特征。空间索引是根据空间准则把搜索限制在各表(或数据空间)内的一种机制。对于在与查询区域重叠的数据空间中查找对象之类的查询,要对其做出有效处理就需要索引。这由一个查询多边形(封闭定位)定义。第二种类型的查询(空间连接)是从两个数据空间内找出对象对,这两个数据空间在空间范围内互动。Oracle Spatial 为建立空间数据的索引提供了基于线性四叉树的索引方案和基于参考树的索引方案。

四叉树索引:线性四叉树索引把几何对象映射到一组编号的"瓦片"(tile)。二维空间中的一个瓦片就是一个方框,它的四条边与两条坐标轴正交。所有几何体得以存在的坐标空间以一种规则的分级方式进行分解。坐标范围(即坐标空间)可视为一个矩形。在第一级分解中,将此矩形沿每一坐标方向分为两半,形成四个"子瓦片",被称为"四分片"。在接下来的每一级分解中,每一个四分片又被沿每一坐标方向分为两半,再形成 4 个子瓦片。顾名思义,四叉树的 4 叶结构可以用来构造索引树。此过程持续进行,直到某些终止条件,例如瓦片的大小,得以满足。这些瓦片可以用 z-排序方案或等价方案进行线性排序,从而产生线性四叉树。

参考树索引:除了提供四叉树索引功能之外,Oracle Spatial 还提供了参考树索引。参考树索引既可以用来代替四叉树索引,也可以与四叉树索引并用。此外,参考树索引还可用于对数据进行三维和四维索引——这对于解决石油勘探、体系结构、工程设计以及许多其他科学应用中的问题至关重要。

参考树索引用包围某几何体的单个最小矩形(称为最小外接矩形,或 MBR)来逼近该几何体(图 3)。

对于几何体的某层而言,参考树索引由该层中几何体的最小外接矩形上的

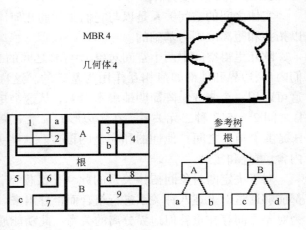

图 3

分层索引组成。由于参考树索引的运行速度快且直接作用于大地测量数据,它成为空间数据工作领域的首选索引机制。大地测量数据是由坐标值构成的数据,这些坐标值是根据地表形态的某种特殊表示,或基准点来确定的。

Oracle Spatial 利用 Oracle9i 的可扩展性框架把空间索引创建和查询处理的接口与 SQL

引擎紧密集成。索引创建和维护的语法只是对 CREATE、ALTER 及 DROP 语句的特定域的扩展。可以对具有 MDSYS.SDO_GEOMETRY 类型列(GEOMETRY)的表(ROADS)创建空间索引,如下所示:

CREATE INDEX ROADS_GEOMIDX ON ROADS(GEOMETRY)
    INDEXTYPE IS MDSYS.SPATIAL_INDEX;

可以修改此索引:

ALTER INDEX ROADS_GEOMIDX REBUILD
    PARAMETERS('tablespace=DOM_IDX');

也可以删除此索引:

DROP INDEX ROADS_GEOMIDX;

4. 查询处理

查询和数据操纵语句可以包含应用程序专用的运算符,比如空间域中的 Relate 运算符。一般来说,用户定义的运算符以函数的形式出现。这叫做运算符的函数实现。例如:考虑下面的查询:

SELECT a.feature FROM ROADS a,windows b WHERE
    MDSYS.SDO_RELATE(a.geometry, b.geometry,
    'mask=OVERLAPBDYINTERSECT');

该例在 ROADS 表中找出了与窗口表内的窗口查询对象重叠的所有特征。在运算符的函数实现情况下,根据各窗口对象对 ROADS 表中的每一个几何对象进行测试,以弄清它们是否重叠。如果 ROADS 表中对象的数目比较多,这一实现的成本就会很高。但是,运算符也可以使用索引来计算,例如用于标量数据类型的相等运算符就可使用参考树索引来计算。查询优化程序能够理解预定义的相等运算符和参考树索引法,所以就知道可以使用参考树索引来进行相等运算。而在传统的关系型数据库系统中,则不可能创建域专用的索引(它们可用于计算应用程序专用的运算符)。此外,优化程序是不可扩展的,这样,它就能了解应用程序专用运算符的计算成本。为了便于对应用程序专用运算符的计算,Oracle9i 对服务器提供了三种不同的扩展:

扩展了 SQL—用户定义的运算符就可用类似于预定义运算符的形式来表达。

扩展了索引创建、扫描和维护—应用程序就可以定义和管理其专用的索引。

扩展了优化程序—应用程序就能将其专用运算符的计算成本和选择率告知优化程序。在 Oracle9i 中,这一功能称作可扩展索引(Extensible indexing)。

可扩展索引:有了可扩展索引功能,应用程序就可定义域(专用的)索引的结构。应用程序可在 Oracle 数据库内(以表的形式)或 Oracle 数据库外(以文件形式)存储索引数据。应用程序通过管理、检索和使用索引数据来计算用户查询。实质上,应用程控制着域索引的结构和语义内容。数据库系统通过与应用程序交互来创建、维护和使用域索引。

域索引数据最好存储在数据库中,这样,它就可以处理物理存储。索引数据就会被当作数据库中的标量数据,秉承数据库服务器的所有优点。索引总是与数据同步是这一可扩展索引框架的主要优点。一旦建立了索引,基表中所有的插入、更新或删除操作就会自动引发索引数据的更新。一旦建立了域索引,它就视为常规索引。服务器就会知晓这一索引的存在,进而使用用户定义的函数来管理所有与此索引相关的工作。这是通过将域索引法和运算符注册到可扩展优化程序来实现的。

可扩展优化程序:优化程序为任何 SQL 语句生成执行计划。为简单起见,我们将说明一条 SELECT 语句在优化程序中的控制流程,但同样的方法也适用于其他数据操纵语句。执行计划将每个表的访问方法和对各表的排序(称为连接排序)包含在 FROM 子句中。系统定义的访问方法包括索引、哈希集簇和表扫描。优化程序是这样选择计划的:它首先生成一套连接排序或交换,然后算出每个连接排序的成本,最后选出成本最低的连接排序。

对于连接排序中的每个表,优化程序计算出可能的每种访问方法和连接方法的成本,并选出成本最低的一种。连接排序成本是访问方法和连接方法的总和。成本是使用共同组成成本模型的各种算法算而来的。成本模型包括在其中执行查询的物理环境的各级细节。

索引类型可用来将用户定义的运算符绑定到某个索引上。这样,使用相应的索引就可高效地计算包含这些运算符的任意 SQL 查询。Oracle Spatial 定义了一种索引类型

(SPATIAL-INDEX) 和相关的运算符(SDO_RELATE、SDO_FILTER、SDO_WITHIN_DISTANCE 以及 SDO_NN)。考虑如下的查询:

SELECT Parks.Name FROM Parks, Roads WHERE

    MDSYS.SDO_RELATE(Parks.Geometry, Roads.Geometry,

    'MASK = ANYINTERACT') = 'TRUE'

AND Roads.Name = 'I-93';

    优化程序断定:各种方法中成本较低的一种是,首先计算第二个谓词(Roads.Name = 'I-93'),然后计算 SDO_RELATE(…) = 'TRUE'。

四、小结

Oracle Spatial Release 9i 为在数据库管理系统中进行空间数据管理提供了一个全面的开放式体系结构。Oracle Spatial 所提供的功能完全集成在数据库服务器中。用户可使用 SQL 定义和操纵空间数据,也可以利用 Oracle 的标准特性,如灵活的 n 层体系结构、对象能力、Java 存储过程以及强健的数据管理工具,从而确保数据的完整性、可恢复性和安全性等特征。

MySAP 工程与建筑

SAP 柴 亮

一、MySAP 工程与建筑—承包商解决方案

MySAP 工程与建筑承包商解决方案是为企业交付国际国内交钥匙工程提供的管理工具。该系统由工程、采购和建筑(EPC)三个主要模块构成。企业可利用本解决方案从事发电厂、处理厂、制造厂、运输系统、水处理厂等市政设施和政务设施的设计和建造。一般情况下,这类项目都涉及相当复杂的工程项目管理工作。企业往往要参与 EPC 项目所有环节的执行和管理,并且还要由分包商和供应商给以支持。

1. 业界趋势与需求

围绕最低成本、最快交付速度和最优质工程,业界在全球范围内展开激烈竞争。这种综合压力迫使承包商要努力提高工作效率和生产能力,充分利用全球资源并监控合同的获利率。

从设计到建造,从操作到维护,业主／运营商越来越需要能够整个工厂寿命期的交钥匙工程。为应对这种情况,承包商需要做到报价更快更精确,实施周期更短,并且能对筹建工厂的数据、文档和图纸进行有效的综合管理。

企业需要在所有内部／外部办公机构之间实现通用业务惯例。业主／运营商和承包商正在试图通过基于 IT 的战略,在整个交流过程中实现降低成本,提高竞争力的目的。这种交流包括与企业内部业务伙伴,及企业外部业务伙伴之间的沟通。

实际上,业主／运营商在革新方面所花的费用占建造费的 47%。因此,他们需要及时了解设施的有关信息,以及物料、设备和备件的供货情况。完善企业工作、效率和生产流程的管理,降低成本、缩短停机时间,提高产品质量。

建筑合同中,价值 70% 以上的工程要转包出去。这使得承包商要在全球范围内物色物料、设备、服务的外包资源。管理有序,高效计划的转包方式是提高工程质量、缩短工程交付时间和具备价格折扣优势的有效手段。

2. 解决方案简介

利用 MySAP 工程建筑承包商解决方案,企业可以在全球范围内巩固客户关系、控制成本、协调项目和流程。提高自己在不断变革业界中的竞争能力。针对承包企业的特殊需求,我们提供各种集成式电子商务系统。解决方案的主要模块有:

(1) 客户关系管理:功能强大的客户关系管理工具能够显著提高客户处理能力,包括营销规划、大型活动管理、促销及合同管理;

(2) 工厂寿命周期管理:从构思到建造,从动工到后期服务维护,我们的解决方案支持工厂寿命周期的全部过程。系统支持的工具包括前端工程、设计及细节工程、CAD 与 GIS 系统集成,文档数据管理、质量管理、资产寿命周期管理等;

(3) 供应链管理与建筑:我们的解决方案有助于您与业务伙伴之间展开合作。通过购置管理功能可帮助您管理采购需求、供应计划、全球资源、签约管理,系统满足各种标准要求;

(4) 项目计划管理,财务:全面集成的解决方案能够缩短业务流程的完工期限,创造更为丰厚的经济效益,系统可对财务信息实现控制和集成;

(5) 人力资源:我们的解决方案可供您理顺人力资源,节省管理成本,最大限度地发挥劳动力调配及专业知识配置优势;

(6) 企业门户网站支持下的跨组织跨系统合作:企业门户网站使员工和业务伙伴能够通过互联网实现工作信息、应用和服务全面共享。

3. 定位

本解决方案专门供企业管理国内国际项目,由工程、购置和建筑三个主要模块构成。一般情况下,这类项目都涉及相当复杂的工程项目管理工作。这些企业往往要参与 EPC 项目所有环节的执行和管理,并且要由分包商和供应商给以支持。随着时间的推移,企业还要提供各种维护和服务。竞争的不断加剧,使企业运营越发感到来自成本、时间、质量的沉重压力。同时,企业必须随时准备变更计划,以应对客户不断变化的要求和技术的更新换代。本解决方案为承包商企业协调工作关系,开展业务合作提供集成信息和电子商务工具,使他们面临挑战,能在残酷竞争的环境中保持领先优势。

4. 业务优势

MySAP 工程与建筑解决方案能为您实时提供有关项目进度、成本、工程、建筑、购置和分包商的综合信息,使您的企业:

(1) 提高业务处理效率,消除重叠管理,减少成本浪费;
(2) 围绕项目开发展开合作,提高交流效果,缩短设计周期,降低项目成本;
(3) 先进的项目管理手段可减少风险,持续跟踪成本和工程进度;
(4) 友好、直观、易用的用户界面节省管理和培训的精力;
(5) 丰富的第三方系统接口可集成各种工程和物流程序。

二、MySAP 工程与建筑——机械设备解决方案

无论您从事工具制造、部件生产,还是成套设备加工,我们都可以为您提供集成解决方案,帮助您全面管理销售、生产、服务和维护活动。

1. 业界需求——第一命题

客户希望自己的查询能够得到更加快速、灵活和准确的响应-您的企业能满足他们的要求吗?

市场对工程、制造、建筑和交货提出了更高的质量要求-您能做到成功应对吗?

在承包商、供应商、供货商、部件制造商、专业承包商组成的多极化虚拟供应链中,需对产品进行高效率、高效益的管理——您能迎接这种挑战吗?监控合同和订单的获利能力,控制成本,跟踪工艺流程,了解获得的价值——您能掌握这些环节做到心中有数吗?

我们的解决方案支持您进行全球资源配置与理顺合作流程,从而降低工程成本,缩短施工周期。

本解决方案可为您提供防范能力,避免工程出现瓶颈,或因不定因素造成物料短缺或过

剩。MySAP工程与建筑解决方案可帮助您优化关键业务流程,对整个供应链、备件和售后服务实行全面管理。

系统可准确识别生产成本和产品成本的发生位置,然后采取有效措施进行压缩,实行严格的成本控制,即使对复杂的服务过程也能做出获利分析,使您在竞争中处于领先地位。

MySAP工程与建筑解决方案全面集成估算、订单输入、项目管理、生产计划和执行、维护、操作、服务和计费等管理工具,满足您全部业务活动的要求。

2．定位

目前,制造业已突破传统机械设备生产的概念,开始提供各种产品和服务。一旦设备投入使用,便需要对其进行维护和服务。竞争的不断加剧,使企业运营越发感到来自成本、时间、质量的沉重压力。同时,机械设备制造企业必须随时准备变更计划,以应对客户不断变化的要求和技术的更新换代。

本解决方案为机械设备制造企业协调工作关系,开展业务合作提供集成信息和电子商务工具,使他们面临挑战,能在残酷竞争的环境中保持领先优势。

3．解决方案概述

利用MySAP工程建筑解决方案,企业可以在全球范围内巩固客户关系、控制成本、协调项目和流程。在不断变革业界中,提高自己的竞争能力。针对机械设备制造企业的特殊需求,我们提供各种集成式电子商务系统。通过MySAP工程与建筑解决方案,您可以:

(1) 管理产品整个寿命周期:从设计到生产,从组装到服务保养,MySAP工程与建筑解决方案支持产品寿命周期的全部过程;

(2) 集成管理供应链:我们的解决方案具有直接采购、外包加工、订单履行、分包商业绩管理等各种先进功能,能够协调您与业务伙伴之间的合作,并对您的产品、项目和分包工程做出供需计划和前瞻式管理;

(3) 运行管理复杂的生产流程:通过MySAP工程与建筑解决方案,您能始终针对客户进行严格的产品配置管理,基于订单创建物料单和生产工艺列表,利用流程管理优化操作过程——清晰透视生产实际成本和工时;

(4) 驾驭生产进程:计划确定之后,接下来进入实施阶段。系统可以管理所有必要物资的采购,严格履行生产计划,加工用量、工艺顺序和加工批次,保证在恰当的时间、恰当的地点生产出优质的成品。最重要的是使具有足够灵活的应变能力,面对变化的环境采取相应的举措:提供基于制造的配置和基于维护的配置,以及处理工程变更和订单变更的管理工具。MySAP工程与建筑解决方案使您具备强大的竞争优势;

(5) 管理客户关系和客户服务:面向客户的解决方案为您规划、建立、保有并加强与可获利客户的关系提供有力支持。您可以及时掌握一环节的相关信息,使客户感到更方便,赢得他们的推崇,从而提高企业的销售和经济效益。我们的客户关系管理工具功能强大,能使您密切监控客户服务和维护工作的质量。帮助企业巩固客户保有量,迅速提高他们对企业的忠诚度,拉动销售的增长;

(6) 高效率、低成本地支持安装基地:MySAP工程与建筑经济方案能帮助您准确识别客户何时需要备件,并及时地提供给他们;

(7) 跨组织跨系统合作:企业门户网站使员工和业务伙伴通过互联网全面共享工作和合作所需的信息、应用和服务,通过企业内部网和互联网在广泛的领域内进行合作。

4．业务优势

MySAP工程与建筑解决方案能为您实时提供有关项目进度、成本、工程、生产、购置和分包商方面的综合信息,使您的企业：

(1) 减少所需原材料、备件的库存量,降低成本,减少资金占用；

(2) 提高业务处理效率,消除重叠管理,减少成本浪费；

(3) 围绕成品开发展开合作,改善交流效果,缩短设计周期,降低产品成本,加速产品面市；

(4) 利用先进的供应链加速生产周期,提高按单生产的能力,对客户需求做出准确响应；

(5) 整个供应链合作伙伴提供的需求、库存和生产能力方面的有关信息提高了可见性和透明度,从而可以做到有预见性地进行备料；

(6) 互联网销售开辟新的销售渠道,为您打开新的财源；

(7) T及时交付为客户量身定制的产品,提供优质的服务,帮助您吸引保留客户,增加业务营收；

(8) 快速响应市场需求变化,供应链业务伙伴与业务流程集成增加运营的灵活性；

(9) 友好、直观、易用的用户界面节省管理和培训的精力；

(10) 丰富的第三方系统接口可无缝集成各种工程和物流程序。

三、MySAP工程与建筑——民用与商用建筑解决方案（RCC）

MySAP工程与建筑民用与商用解决方案旨在为总包、建筑行业、分包项目、公用设施建筑、住宅建筑、预置住宅和房地产管理领域中的客户提供解决方案。

1．业界趋势与需求——价值表述

(1) 70%以上的建筑项目是由分包商承建的。单单这一数字就使得公司内外业务伙伴之间的整个交流过程变得极为复杂且耗时。MySAP工程与建筑解决方案凭借其集成性与技术先进性,可确保您的业务伙伴能随时随地获取最新的项目信息,并参与到整个交流过程中。在此特别推出MySAP Portal解决方案与cFolders。

(2) 70%以上的建筑项目是由分包商承建的。单单这一数字就使得公司内外业务伙伴之间的整个交流过程变得极为复杂且耗时。MySAP工程与建筑解决方案凭借其集成性与技术先进性,可确保您的业务伙伴能随时随地获取最新的项目信息,并参与到整个交流过程中。在此特别推出MySAP Portal解决方案与cFolders。

(3) 建筑业本身是一个竞争激烈而利润极低的行业领域。因此,从施工到投入使用,从建造管理到后期维护,项目的整个生命周期越来越受到企业的关注。MySAP工程与建筑解决方案采用Real Estate解决方案满足整个建筑物生命周期内的要求。

(4) 施工期间使用的设备是成本的一个重要因素。为使设备的使用与维护达到最高效率,您需要对何处使用何种设备,使用多长时间有一个全面的了解,这样才能相应的安排日程。MySAP工程与建筑采用设备与工具管理（ETM）解决方案来解决这一问题。ETM可帮您对设备进行跟踪,以获得更高的使用率,降低维护成本,并得到详细的成本分析信息。

建筑项目的复杂程度不同,确定项目成本以及制定进度安排时始终存在着很大风险。SAP的项目系统是MySAP PLM方案与项目管理中完整的项目管理解决方案,客户可采用该解决方案跟踪项目各个阶段的成本和进度。与业务仓库(BW)共同使用，客户能成功的运作项目，确定业务趋势，从而降低项目拖延或成本超支的风险。

2. 解决方案概述

无论对于关键施工过程本身，还是对完整的建筑生命周期来说，MySAP E&C 都提供了一种全面的民用商用建筑解决方案。该解决方案主要包括：

(1) 服务账单；

(2) 设备与工具管理；

(3) 住宅建筑解决方案；

(4) 合资企业会计；

(5) 项目管理；

(6) 房地产管理。

3. 定位

该解决方案主要针对总包、建筑行业、分包项目、公用设施建筑、住宅建筑、预置住宅和房地产管理领域中的客户。

解决方案的主要优势在于将组件的报价、规划和制造以及施工过程中的所有业务伙伴和流程集成在一起。该解决方案凭借其通过浏览器技术访问所有功能的能力，能够满足建筑行业的特殊需求，而且还通过满足后建筑阶段的要求而遥遥领先于竞争对手的产品。

4. 客户获益

MySAP E&C 解决方案可使客户获得以下多种收益：

(1) 实现所有业务伙伴间的协作，从而降低误交流的风险并削减成本；

(2) 采用先进的项目管理方法降低风险，随时随地对项目成本与日程安排进行跟踪；

(3) 凭借设备与工具管理这一集成化解决方案降低维护成本。

5. 客户开发项目

通过与 Bilfinger Berger、Landis&Staefa 或 Max Boegl 以及其他客户密切合作，我们确保所推出的解决方案能持续改进。目前实施中的开发项目有：

(1) Bilfinger Berger：财务会计与业务智能领域的新开发项目；

(2) Landis&Staefa：该项目正在进行服务账单的增强。这些增强性能将融合到下一个版本中；

(3) Max Boegl：我们正对 Max Boegl 提供项目支持，以实现现场主管经理能够在建筑场地控制运作项目。

SAP E&C 解决方案涉及广泛的客户领域。当前，SAP 已拥有 1500 余家客户，遍布美洲、欧洲与亚太地区。SAP 的解决方案已被工程、机械、设备以及建筑公司采用，其中包括跨国企业和中型公司。

信息分类技术在物资供应管理系统中的应用

北京三维天地计算机公司　袁　岗

一、信息分类编码使用的现状

目前,全球已进入信息时代,信息技术迅猛发展,国际互联网、公用数据网、行业网络、地方网络、企业网络发展很快,网上信息数量爆炸性增长,但在信息系统建设中,信息分类标准化工作落后,信息处理不规范,难以进行信息的交换、共享、统计和分析,难以形成决策依据,制约了信息的有效利用。

许多企业在管理信息系统的开发建设过程中,对信息分类编码标准化作用认识不足,往往是只重视系统硬件的配置和软件的开发,而对信息表示方法没有重视。各职能部门对信息的命名、描述、分类和编码等工作,完全按照自己的需要和习惯来进行。分类编码目录内容较乱,互不兼容,很难满足现代化信息管理的要求,这必然会严重影响系统运行和维护。许多信息系统失败的例子中,相当一部分是由于没有重视信息系统编码,对分类编码标准化工作缺乏足够的认识。在一些企业内部信息名称不统一、信息分类方法不统一、对同一信息的计算方法和计量单位不统一等等现象屡见不鲜。另外,对同一性质的信息分类编码标准的制定,企业之间、部门之间,往往互不沟通,各自为政,不考虑标准的兼容和衔接。系统一旦建立,若推翻重来,必然浪费大量的人力和物力。在国外一些国家,信息系统的建立,非常着重与分类编码方法的优化、系统分析和整体规划。若建立一套现代化的物资编码系统,可以确保物资设计、制造、采购、储存、运输等业务的正常运行,避免不必要的浪费,可以促进物资信息交流,提高物资利用率,加速资金周转,节约采购资金,减少储备资金占用。可见信息分类编码标准化的经济效益和社会效益相当明显,意义重大。

二、信息分类编码的原理和方法

1. 信息分类和编码的概念

信息的分类是在一定范围内,为了某种目的,以一定的分类原则和方法为准则,按照信息的内容、性质及管理者的使用要求等,将信息按特定的结构体系,分门别类地组织起来。使每种信息在一定的分类体系中,都有适当的位置和相应的代码。同时,把相同内容、相同性质的以及要求统一的管理信息集中在一起,而把内容、性质相异以及需求分别管理的信息区分开来,使其成为一个有条理的系统。

信息分类不等同与科学的学科分类,它一方面依赖于学科的分类,一方面又要依赖于对信息管理的具体要求。信息分类是科学与实用的结合,比日常的分类更科学更加符合现代化管理要求。对信息进行正确的分类,把大量的、分散的、杂乱无章的信息,根据系统管理的需求加以有目的、有次序的组织,并予以定义、命名、确定内容、范围、表示方法。在一定范围内建立管理上共同统一的语言、统一的认识,才能有效利用信息。可见,信息分类标准化不仅是计算机进行信息处理的前提和基础,也是管理信息系统、信息交换、资源共享的前提和基础。

为了使计算机能够接受用自然语言表示的信息,就要事先把这些信息用计算机所能识别的符号表示出来,这就要靠信息编码。对信息不但要进行科学的分类,同时还要进行科学的编码。编码就是将事物或概念赋予一定规律性的、易于人或计算机识别和处理的符号、图形、颜色、缩简的文字等等。它是人们统一认识、统一观点和交换信息的一种技术手段。编码作为信息的一种表现形式早已为人们利用和发展,其形式是多种多样的。

2. 信息分类编码的原理

信息的分类是以学科分类为基础和依据的,但又不完全等同于学科分类。从分类对象看,信息分类的对象是在一定的范围内,人们需要管理的事物和概念;从类目内容范围上来看,信息分类的类目内容范围比较复杂,并非能一定严格遵守学科之间的界线,有时常常依赖于传统上的管理范围以及历史上习惯的管理方法;从分类体系上看,信息分类是根据信息内容的性质,数据产生的过程以及人们的管理职能,管理层级等多种因素而建立的分类体系;从分类结构形式看,信息分类是按照学科的内在联系而组织的完全反映事物发展的客观规律,在分类结构上可以是线形的、环形的或是交叉状的等等。

作为信息的分类,特别是在一个固定的管理信息系统中,人们一方面通过分类,建立一定的分类体系用以揭示信息内容之间的内在联系,更重要的是通过对信息的分类,建立一定的分类体系为人们科学地管理和使用信息提供方便。主要目的在于方便信息的存储、检索、交换和汇总等等。

因而,在管理信息系统中,要将数以万计的信息按一定的原则和方法进行分类,就必须建立一个科学合理的分类体系,一个科学合理的分类体系就要做到科学、系统、可延、兼容、综合实用,这就是信息分类的基本原则。

(1) 科学性是指信息分类的客观依据。要选用事物或概念的最稳定的本质属性或特征作为分类的基础和依据。

(2) 系统性是指将选定的事物或概念的属性、特征按一定排列顺序予以系统化,形成一个合理的分类体系。保证每一个分类对象在体系中都占有一定位置,并能反映分类对象之间的关系。

(3) 可延性是指分类体系的建立要能满足事物不断发展和变化的需要。要在体系中预留适当的空位,便于新的事物增加。

(4) 兼容性是指分类上与有关标准的协调一致。信息系统的分类涉及几个其他系统时,信息的分类原则在设置上应尽量与有关标准取得一致。

(5) 综合实用性是指分类要从系统工程角度出发,把局部问题放在系统整体中处理,达到系统最优化,满足实际需要。

以上信息分类的五个基本原则,适用于各种信息的分类。在此基础上,可根据管理信息系统的任务目标,进一步细化、完善具体的分类原则。

3. 信息分类编码的方法

信息分类的基本方法主要是线分类法和面分类法。

(1) 线分类法

线分类法:将初始的分类对象按所选定的若干个属性、特征逐次的分成相应的若干个层级类目,并排列成一个有层次的、逐级展开的分类体系。在这个分类体系中,同位类的类目之间存在着并列关系,不重复、不交叉;下位类与上位类类目之间存在着隶属关系。

在线分类体系中,一个类目相对于它直接划分出来的下一级类目而言,称为上位类;由上位类直接划分出来的下一级类目相对于上位类而言,称为下位类;由一类目直接划分出来的下一级类目,彼此之间称为同位类。

选用线分类方法时,应遵循的基本原则:

A. 在线分类中,由某一上位类划分出的下位类类目的总范围应与上位类类目范围相等;

B. 当某一个上位类类目划分成若干个下位类类目时,应选择一个划分基准;

C. 同位类类目之间不交叉、不重复,并且只对应于一个上位类。分类要依次进行,不应有空层或加层。

线分类的特点是用分类的层级数量和容量来表示的,层级数量反映了信息分类的深度;层级容量反映了分类系统所包含的信息容量,与分类的深度和每一层级分类对象的最大容量有关。通常在线分类时,线分类层级数和各层级的容量,需要根据系统中大多数分类对象的情况来确定。

线分类法的优点是:层次性好,能较好的反映类目之间的逻辑关系。线分类法的缺点是:结构弹性差。一旦确定分类深度和每一层级的容量,要修改划分基准比较困难,牵涉许多分类对象的排序。

(2) 面分类法

面分类法是将所选定的分类对象的若干个属性或特征视为若干个"面",每个"面"中又可分成彼此独立的若干个类目。使用时,根据需要将这些"面"中类目组合在一起,形成一个复合类目。

选用面分类法时,应遵循以下几个原则:

A. 根据需要选择分类对象本质的属性或特征作为分类对象的各个"面";

B. 不同"面"的类目不应相互交叉,也不能重复出现;

C. 每个"面"应该有严格的固定位置;

D. "面"的选择以及位置的确定应根据实际需要而定。

面分类法的特点是"面"及"面"内的具体类目内容所表示。"面"的选择、"面"的数量、"面"内的类目反映了信息的属性和特征。每一个组合类目都是某一信息的多个属性或特征的组合及具体描述。"面"分类的信息容量是和"面"的数量、"面"内具体类目数量有关的。"面"的排序与信息管理的需要及要解决的课题有关。

"面"分类的主要优点是:分类结构具有较大的柔性。"面"内类目的改变,不会影响其他的"面",而且便于添加新的"面"或删除原有的"面"。"面"的分类适用性比较强,可以按照"面"的信息进行检索。

"面"分类的主要缺点是:不能充分利用容量,难于手工处理信息。

线分类和面分类是两种最基本的分类方法。它们的主要区别在于:线分类类目之间有隶属、层次关系;面分类的特点是各面之间具有并列关系,每个面都有独立的含义。

在实际应用中,要结合线分类和面分类的优、缺点来选用,或根据情况混合使用。

线分类法和面分类法示意见图1。
线分类法：

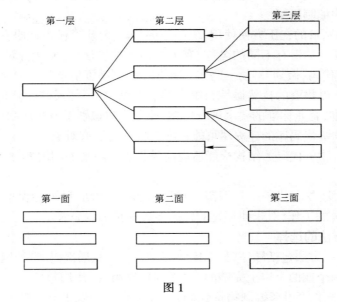

图1

三、供应资源管理系统中物资代码的功能和编制原则

物流行业、建设行业、流程行业的物资供应销售管理信息系统都会遇到物资的分类与代码编制问题。我们在进行供应资源管理系统(SRM2.0)的设计和开发过程中充分认识到物资代码编制的重要性，通过研讨，遵循的信息分类原理与基本原则确认了物资的分类与代码的编制应实现的功能和编制的原则。

1. 物资代码的功能

物资的分类与代码编是实现物资信息共享、分析、统计的基础与前提，必须具有如下功能：

(1) 具有标识的唯一性

在供应资源管理系统中物资代码表示了某一具体的物资，代替了物资的名称、规格型号等特征，作为该物资的唯一标志，与其他物资进行区分，避免相互混淆。物资代码就要具有唯一、准确和简单的特点。

(2) 具有分类的功能

物资代码是按照物资的属性、特征进行分类，代码就要反映物资的类别，便于统计、分析。

(3) 具有排序的功能

物资代码要反映物资的排序关系，能按照物资的某个属性或特征进行排序。

(4) 具有特定的含义

在设计物资代码时可以采用一些专用字符或对某些字符做出特殊规定时，代码具有一定的特殊含义。

在上述功能中，物资代码的唯一性是最主要的，一个物资只能有一个代码，物资代码的在物资供应销售管理信息系统中,物资代码是计算机鉴别和查找信息的主要依据,要按照物资的属性、特征,进行归类、排序,选用适合的代码结构进行编制物资代码。

2. 物资代码的编制原则

物资代码的编制目的在于方便使用、统计分析,编码时应遵循下述原则:

(1) 唯一性:同一物资有不同的名称、有不同的描述方法,但必须保证每一个物资仅有一个唯一赋予它的代码,做到"一物一码","一物一码"是物资信息共享的前提。

(2) 规范性:要以物资的自然属性为第一编制原则,尽可能反映物资的主要特征,按照国家标准、行业标准、企业标准的要求进行描述,便于用户识别了解和使用。

(3) 完整性:物资代码库的建立尽可能包容某类物资所有对象。

(4) 可扩展性:物资代码的结构应能适应同类物资不断增加的需要,给新物资留有足够的备用代码。

(5) 稳定可靠性:物资代码一旦编制,使用不宜频繁变动,尽可能保持代码系统的相对稳定,方便业务人员的工作,对未使用过的代码能进一步加以完善。

3. 物资编码方法的选择

常见的物资编码方法包括顺序码、无序码、系列顺序码、层次码、特征组合码、复合码等。复合码:是由两个或两个以上完整的、独立的代码组成,使用较广。其中,顺序码、无序码、系列顺序码一般不适用来编制物资代码,特征组合码一般也不能单独用于编制物资代码,层次码、复合码常被许多企业采用。

层次码的优点是能明确地表明分类对象的类别。代码本身具有严格的隶属关系。同时,层次码中各层代码在分类上都具有一定的含义。此种代码结构简单,容量大,同时便于计算机求和汇总。但层次码的缺点是弹性较差,当个别分类上的改变、删除或插入时,就可能影响其他的代码。当层次较多时,代码位数较长。同时,此种代码由于是先分类后编码,因此,必须制定一定的分类规范和说明,编码人员才能进行工作。单独用层次码来编制物资代码仍然存在一定缺陷。

特征组合码的优点是代码结构具有一定的柔性。若能结合特征组合码的优点采用层次码与特征组合码的复合编码方法来编制物资代码就能解决物资代码编制的各种问题,保证信息系统长期正常的运行,保证物资信息交换、资源共享、数据统计和分析。

四、SRM2.0 是怎样支持物资代码编制的

编制物资代码是一项标准化、规范化和繁重细致的工作,SRM2.0 为企业物资代码编制提供了规范的编制工具。它遵循物资代码编制基本原则采用层次码与特征组合码的复合代码体系,确保物资信息的共享与交换中唯一性要求,做到"一物一码",并且可以包容通用的物资信息和不断涌现的新物资信息。

SRM2.0 按照层次码与特征组合码的复合代码体系,开发了物资代码编制管理系统,系统主要功能应包括物资类别码的维护、物资特征模板表的维护、物资标准计量单位表的维护、物资明细代码的编制、删除、查询、系统维护,见图 2。

物资类别管理主要用物资分类表示物资的属性或特征的层次、隶属关系;物资模板表描述了不同类别物资的具体特征;物资计量单位表规范了计量单位标准符号和表示方法。物资代码的编制、维护可以通过系统规定的格式和模板自动编制明细代码,物资代码的查询能

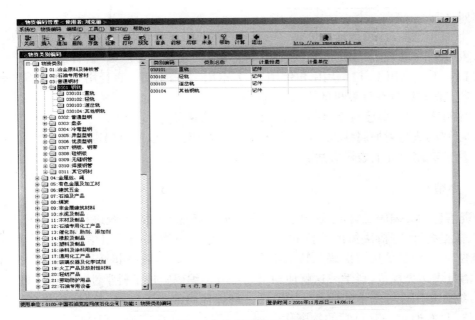

图2 物资类别代码维护

提供不同的查询方式,包括模糊查询,做到简单、方便、清楚、灵活。物资代码系统的系统维护可以进行用户的管理、权限设置、口令修改、打印设置等(图3)。

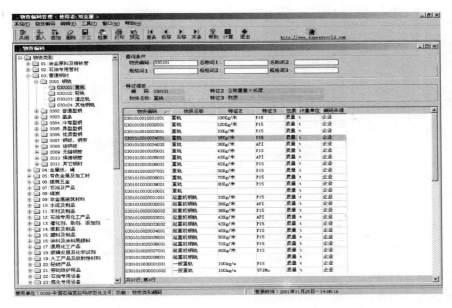

图3 物资代码导入

五、物资代码编制的注意事项

物资代码的编制是一项标准化、规范化要求比较高的工作,计算机无法正确辨别不规范的表示。我公司在长期辅助用户建立物资编码体系的实践中,总结了一些要注意的具体事项。例如：

1. 计量单位的规范：计量单位要以国家规定的标准计量单位符号来表示；
2. 标识符号的规范：物资的某些特征要加相应的规范符号。如：公称压力用 PN、公称通径用 DN、工字钢用Ⅰ、槽钢用[、角钢用∠、方钢用□、扁钢用_、直径用 φ、乘号用×等标准标识符号。这些符号在计算机的输入符号中都有；
3. 字母大小写：要注意字母的大小写问题，不能通用；
4. 习惯用法与附加属性：要兼顾习惯用法，附加属性可以通过( )进行说明；
5. 注意英制尺寸的表示方法。

六、小结

物资信息分类编码是物流、建设、流程等行业物资管理信息系统进行物资信息交换、资源共享、数据统计、分析决策的前提和基础。物资信息分类编码是以信息分类技术为基础的，SRM2.0采用了采用层次码与特征组合码的复合代码体系，同时引入了特征模板概念，使物资信息表达更规范、科学。这就使物资信息分类编码坚持了科学性、系统性、可扩展性、兼容性、综合实用性等基本的信息分类原则。物资代码编制工作是一项标准化、规范化、繁杂的工作，只有通过一套科学的物资代码编制管理系统才能完成。SRM2.0将在物资信息分类编码的标准化工作上为企业提供全方位的支持，为企业物资信息的规范化、方便信息集成提供有力的支持。